Krafttiere

- und wie sie dich unterstützen

von Christa Nüesch
(Text & Bild)

meinem Vater gewidmet
mit herzlichem Dank für all seine Unterstützung während meines ganzen Lebens
und im Speziellen für die aufwändige Korrektur dieser Arbeit.

St.Gallen
1. Auflage November 2014
2. Auflage November 2015
3. Auflage Juni 2024

Impressum:

Wort und Bild von Christa Nüesch, www.ergo-beruehren-begreifen.ch
Alle Rechte vorbehalten

Die 98 farbigen Krafttierkarten zum Buch sind erhältlich unter:

www.ergo-beruehren-begreifen.ch oder info@ergo-beruehren-begreifen.ch

Sömmerlistrasse 12, 9000 St.Gallen, Schweiz

3. Auflage
2024 erneut überarbeitet und korrigiert

Buchsatz durch Ágnes Éva Koós
- herzlichen Dank für deinen spontanen, grossen Einsatz!

Verlag: BoD • Books on Demand GmbH, In de Tarpen 42, 22848 Norderstedt

Druck: Libri Plureos GmbH, Friedensallee 273, 22763 Hamburg

ISBN: 978-3-7597-1435-0

INHALTSVERZEICHNIS

Krafttiere – und wie sie dich unterstützen

nach Christa Nüesch

Vorwort und Dank

Es war für mich spannend, wie viel Neues ich dank der Beschäftigung für diese Krafttierkarten erfahren und lernen durfte! Plötzlich habe ich die Vielzahl der Tiere bewusst wahrgenommen. Ich habe versucht sie einen Moment zu beobachten, ihnen kurz meine ungeteilte Aufmerksamkeit und Dankbarkeit zukommen zu lassen und meine Sinne für ihre Botschaft zu öffnen.

Lass dich anstecken! Es ist eine Bereicherung!

Während dem Entstehen meiner Krafttierkarten, dem intensiven Beschäftigen mit ihnen und Recherchieren über ihre Eigenheiten wurde mir jedoch einmal mehr klar, wie der schlimmste Feind aller Tiere der Mensch ist. Völlig selbstlos schenken die (Kraft-)Tiere uns ihre Unterstützung, während wir Menschen sie gedankenlos ihrer Kräfte, ihrer Lebensräume und gar ihrem Leben berauben. Man betont, wie ein Tier dem Menschen Schwierigkeiten machen oder lästig sein kann, und dabei ist es eher umgekehrt der Fall. Viele Tierarten sind vom Aussterben bedroht und dies nicht durch natürliche Feinde, sondern durch das Dasein des Menschen und seines Wirkens. Die Menschheit ist stolz auf den freien Willen - ein Unterschied zu den Tieren - und die Möglichkeit zu entscheiden. Doch scheint uns das Bewusstsein abhanden gekommen zu sein, dass auch unsere Grundlage die Mutter Natur ist und wir mit jedem Schaden an der Natur auch uns selbst Schaden zufügen.

Vielleicht ist es eine Aufgabe dieser Karten, diese Verbundenheit zu erneuern, damit wir uns bewusst gegen Ausbeutung der Natur und Tiere entscheiden. Für mich persönlich gehört da der Verzicht auf Fleisch dazu. Dies soll jedoch jeder für sich selber entscheiden.

Als einziges, nicht existierendes Tier enthält mein Krafttier-Set einen Drachen, denn die Drachenkraft (vielleicht auch die Ängste, die er auslösen kann) sind einzigartig.

Neben Recherchen in Lexiken und dem Internet zu den Eigenschaften von einzelnen Tieren verarbeitete ich unter anderem Informationen aus verschiedenen Webseiten wie:
http://www.traumdeuter.ch;
http://www.sgipt.org/galerie/tier/schlang/schl_kult.htm
http://symbole-des-lebens.de/;

http://terravera.de;
www.wikipedia.com
http://kids.t-online.de;
http://www.kinder-echo.de
https://chwolf.org
und aus folgenden Büchern:

- Regula Meyer; „tierisch gut – Tiere als Spiegel der Seele. Die Symbolsprache der Tiere"; Arun Verlag
- Jamie Sams, David Carson, „Karten der Kraft – ein schamanisches Einweihungsspiel in den Pfad der Tiere", Verlag Windpferd
- Heinz Sielmann „Weltreich der Tiere" Bildband, Arbus Verlag
- Vitus B. Dröscher „Sie turteln wie die Tauben", Goldmann Verlag

Entstanden sind jedoch meine eigenen Texte - wie ich im Nachhinein feststellen musste vermutlich als Chanelling. Denn die Entstehung hatte eine massive Geschwindigkeit und ich fühlte mich getragen durch das Wissen und die Mächte der oberen Welten. So gebührt diesen Ebenen der grösste Dank.

Ich bin dankbar für all die Begegnungen, die ich in dieser Zeit erfahren habe, die mich bereicherten, bestärkten und unterstützten. Vor allem danke ich dem grossen Schöpfer, der mir all die Gaben auf den Weg gegeben hat, um dieses Kartenset und die Texte zusammenzustellen.

Noch eine schöne Geschichte während der Entstehung:
Ich war mitten in der Arbeit und Beschäftigung mit den Krafttieren und merkte in dieser Zeit, wie mir viel bewusster Tiere in meinem Alltag auffielen: ein Vogel der in der Nähe pfiff, mehrfache Begegnungen mit Katzen am gleichen Tag, das Entdecken des Fischreihers auf der Strassenlaterne über mir... Meine Sinne und mein Fokus schärften sich. Doch es gab noch einen Höhepunkt. Als ich einmal gegen Abend zum Waldrand hoch ging, auf einer Bank Platz nahm, die Kraft von Mutter Natur tankte und über die Stadt blickte, knackte es plötzlich hinter mir. Vorsichtig und langsam drehte ich den Kopf und schaute nach hinten. Da ging nur eine Armlänge hinter der Bank ein Reh vorbei, überquerte den Wanderweg und verschwand dann hinter der Hecke auf der angrenzenden Wiese. Alles ganz natürlich, ohne Hast oder Angst. Ich war zu tiefst berührt! Was für eine besondere Begegnung! Und sicher nur möglich, weil ich mich so in der Zwiesprache mit den Tieren befand und inneren Frieden ausstrahlte.

In der dritten Auflage 2024 wurden weitere kleinere Korrekturen angebracht und ein wenig ergänzt.

Anwendung der Karten

Die 98 farbigen Karten im Poker-Format (63x88mm) können unter
www.ergo-beruehren-begreifen.ch   oder   info@ergo-beruehren-begreifen.ch
zusätzlich bestellt werden (Preise siehe Website).

Mein Krafttier-Set setzt sich insgesamt aus 98 Tieren zusammen.
Das Textbuch gibt uns zu jedem Tier eine Botschaft, inklusive einer kurzen Tagesbotschaft. In einem zweiten, längeren Teil lesen wir mehr über besondere Eigenschaften zu diesem Tier.
Die Nachricht kann uns nächste Schritte zur Selbstheilung und Weiterentwicklung
in unserem Leben aufzeigen. Haben wir diese Aufgabe gemeistert, wird ein neuer
Abschnitt eintreten und eine nächste Karte hat Platz.
Die Karten können intuitiv gezogen werden (empfehlenswert mit der linken Hand,
der unbewussteren Seite) oder kinesiologisch / mit dem Pendel ausgetestet
werden. Ihre Wirkung entfalten sie noch besser, wenn man sie eine Weile auf sich
trägt oder dort liegen lässt, wo man sich am meisten aufhält, zum Beispiel unter
dem Stuhl oder Bett. Man kann aber auch eine Art „Altar" dafür einrichten und
über dieses Tier meditieren. So lässt es sich auf einer mentalen Reise noch direkter
zu einem sprechen.

Dank dieser Krafttierkarten hören wir wieder auf die Stimmen der Tiere, welche uns
darauf hinweisen, was für Qualitäten und Ressourcen uns die Natur zur Verfügung
stellt. Als Seelenführer können sie uns Botschaften bringen und uns auf unserem
Lebensweg einen Spiegel hinhalten. Das Krafttier gibt Hinweise, schenkt besondere
Eigenschaften und Fähigkeiten und lehrt uns Verhaftungen zu erkennen und umzuwandeln. Egal wie klein oder beängstigend ein Tier auf den ersten Blick scheint
– schau genau hin! Höre dir seine Nachricht an und entscheide dann selber, was
zutrifft und dir im Moment weiter helfen kann.

Die Krafttierkarten können uns in verschiedenen Lebenssituationen Boten und
Seelenführer sein.
Sie helfen uns Geschichten zu erfinden, die laufend neue Wendungen bringen,
besonders in einer Gruppenarbeit. Lasst Kreativität walten!
Im Doppel finden sie Verwendung als Memory.

Die folgenden Ausführungen regen vielleicht auch dazu an, im Internet nach diesen
Tieren weiter zu forschen und sich dazu eigene Gedanken zu machen.

Viel Spass bei ihrer Anwendung!

Adler

Überblick / Aufschwung / Klarheit / Altes auflösen / Verwirkliche deine Vision

Kreist der Adler majestätisch und magisch über dir, schärft er dir die Augen für alles, was tief in dir verborgen liegt, und gibt dir Inspiration. Er zeigt dir, wie du dich über dämonisch wirkende Kräfte schwingen kannst. Dabei erkennst du Altes, kannst es einkreisen und behältst es im Auge, bis du dich hinabstürzt und dich mutig mitten hinein begibst, um es aufzulösen. Nun geht alles schnell. Der Adler enthüllt dir Vergangenheit, Gegenwart und Zukunft. Er zeigt dir dein Potenzial, deine hauseigenen Werkzeuge und bringt dir damit Selbstvertrauen. Übernimm die volle Verantwortung für dich! Nur wenn du voll und ganz zu dir stehst, bist du vor Mobbing und übler Nachrede geschützt.

Nicht umsonst gilt der Adler als König der Lüfte. Du kannst den Überblick gewinnen und Herr werden über bisher Verborgenes. Leise und stetig gleitest du dahin und hast die Möglichkeit, bis hoch ins Licht zu steigen. Im jetzigen Moment wirst du zum Einzelgänger, konzentrierst dich nur auf dich. Ein einziger klarer Schrei warnt dein Umfeld, dass du angreifst.

Baue dir einen Horst, einen Rückzugsort nur für dich, in den du jederzeit zurückkehren kannst.

Der Adler kann dir auch den Hinweis geben, sachlicher zu werden und weitere Standpunkte einzunehmen. Man muss sich beim Typ Adler immer fragen, ob man im höheren Streben nicht übertreibt, zu tollkühn handelt, die eigene Stärke überschätzt oder andere durch Stolz vor den Kopf stösst, ohne die reale Lebenssituation mit zu berücksichtigen.

Du sollst dich nicht mit fremden Federn schmücken, sondern deinen eigenen spirituellen Weg suchen. Gelingt es dir dich mit dem geistigen Prinzip zu verbinden, kannst du deinen Teil zur Entwicklung der Menschheit beitragen.

Der Adler, Herr der Lüfte, ist im Traum positiv zu deuten als Losgelöstheit von irdischer Gebundenheit, er steht für die Beschwingtheit grosser Gedanken, oft aber auch für die verzehrende Leidenschaftlichkeit des Geistes. Der Traum kann den Hinweis zum Vater und zu Gott enthalten.

Setze dich mit dieser Seite auseinander.

Tagesbotschaft
Kreise dein Problem ein und stürze dich direkt hinein!

Im Deutschen wird der Begriff Adler für grosse, beeindruckende, edle Greifvögel mit grosser Flügelspannweite verwendet. Adler sind gute und ausdauernde Flieger. An ihren weit gespreizten, langen Handschwingen sind sie im Flug gut zu erkennen. Die Hauptfedern sind dabei wie Finger. Sie haben den „Superblick", sehen 8x schärfer als der Mensch. Ihre Augen vergrössern wie bei einem Fernglas. Der Adler erkennt einen Hasen aus eineinhalb Kilometern Entfernung. Meist sind es kranke oder schwache Tiere, die er erlegt.

Die von beiden Adlern erbauten Horste werden mehrjährig genutzt und gemeinsam betreut. Die Adlerpaare bleiben sich, soweit bekannt, ein Leben lang treu.

Bereits im 17. Jh. begann die systematische Verfolgung des Steinadlers durch den Menschen aus Angst vor Jagdkokurrenz und führte fast zur Ausrottung. Nach 1920 wurde die ansonsten bereits fast flächendeckende Dezimierung unterbrochen und der Adler geschützt in der Schweiz erst nach 1953. Nicht überall hielt man sich aber an das Abschussverbot. Und somit ist der Mensch der einzige Feind des Adlers.

Psychologe Freud sah im Adler in Anlehnung an die Mythologie ein übermächtiges Sexualsymbol, weil der Raubvogel seine Triebe nicht beherrschen kann und sein Opfer haben will. Freud begründet dies damit, dass der Adler ein grosser Vogel ist und das Wort Vogel in der Vulgärsprache ein anderes Wort für Penis ist. Die Sexualbedeutung des Adlers ergibt sich aus der griechischen Mythologie, nach der der Adler als Symbol für die Zeugungskraft des Zeus stand.

Im Christentum wird er zu einem Christussymbol umgedeutet.

Aufgrund seiner scharfen Augen verkörpert er auch das Sehen. Der Adler symbolisiert seit der Römerzeit Macht und Herrschaft. Konsequenterweise verwandelt er sich dann in ein Wappentier. Auch von den Vereinigten Staaten wurde der Weisskopf-Seeadler als Emblem und Zeichen der Macht gewählt. Er steht generell für Mut, Kühnheit, Stolz, Würde, Weitblick, Freiheitsdrang und Streben nach Höherem.

Bei verschiedenen indianischen Stämmen gilt er als heiliges Tier und Götterbote. Sie fertigten Signal- und Zeremonialpfeifen aus dem obersten Teil seines Flügeknochens und steckten seine Federn an ihren Kopfschmuck. Damit machten sie Kriegern Mut vor dem Kampf.

Laut Alberto Villoldo, einem bekannten Erdenwächter und Laika, symbolisiert der Adler die vierte, höchste Wahrnehmungsebene, die Spirituelle Wahrnehmung. Diese Ebene im „Luft-Stadium" besteht zu 99% aus Bewusstsein und nur einem % aus Materie und ermöglicht uns einen Gesamtüberblick und grössere Zusammenhänge zu bekommen. Grenzen lösen sich auf und man kann sich „ins Dasein träumen".

Affe

Neugier / Humor / Menschlichkeit / Selbsterkenntnis / Bewegungsdrang / Tag-Nacht-Rhythmus

Dank dem Spiegel des Affen fällt es dir leichter, dich zu erkennen. Es ist ein Unterschied, ob dir da jemand mit viel Humor entgegen lacht oder das Gesicht nur lachend wirkt, aber in Wahrheit angstverzerrt ist.

Prüfe es und finde zu einer lustvollen, humorvollen Umgangsweise mit deinen Schwächen, äffe dich selber nach.

Affen verzagen nie und stehen nie still – Bewegung verändert alles. Ihre Schätze wahren sie mit Gaukelei, Ablenkung und Wendigkeit. Das kannst du von diesen nächsten Verwandten lernen.

Doch pass auf, weil es auch auf unüberlegtes Handeln, Eitelkeit, Verblendung, Unkonzentriertheit hinweisen kann. Ist es ein Hang zu Phantastereien und Illusionen? Lerne diese aufzudecken. Du merkst, was den kleinen Unterschied zwischen Affe und Mensch ausmacht, und wirst dir bewusst, dass die animalischen Züge auch in dir stecken. Sie wollen wahrgenommen und bewusst werden, so dass sie dich nicht mehr plötzlich überraschen können.

Mit der Hilfe des Affen, kannst du es schaffen, eingefahrene, starre Muster auf unkonventionelle Weise aufzulösen.

Achte auf einen klaren Tag-/Nacht-Rhythmus. Geh vermehrt in die Natur und tanke ihre Kräfte. Du brauchst dich nicht zu entscheiden zwischen der sozialen Gruppe, deiner Familie oder deinem eigenen Weg – es lässt sich alles vereinen – im Hier und Jetzt.

Tagesbotschaft

Brich mit alten Mustern und probiere heute ganz neue und ungewohnte Verhaltensweisen aus. Du bist der Meister deines Lebens-Theaters.

Die verschiedenen Affenarten leben in warmen Ländern, vor allem in den Wipfelregionen der Wälder und sind immer auf Wanderschaft.

Sie sind alle starke Augentiere.

Die Fortpflanzung zeichnet sich durch eine lange Tragdauer aus. Junge geniessen die Obhut der ganzen Horde. Das Weibchen trägt sein Junges zuerst am Bauch und später auf dem Rücken.

Affen haben keine Brunftzeiten. In der strengen Rangordnung gilt das Recht des Stärkeren.

            www.ergo-beruehren-begreifen.ch

Doch kämpfen die Affen gemeinsam und haben ein starkes Zusammengehörigkeitsgefühl.

Früchte, Beeren, Nüsse, Samen, Knospen, Blättern, Wurzeln, Knollen, oft auch Insekten, Vogeleier, Schnecken und anderes sind ihre Nahrung.

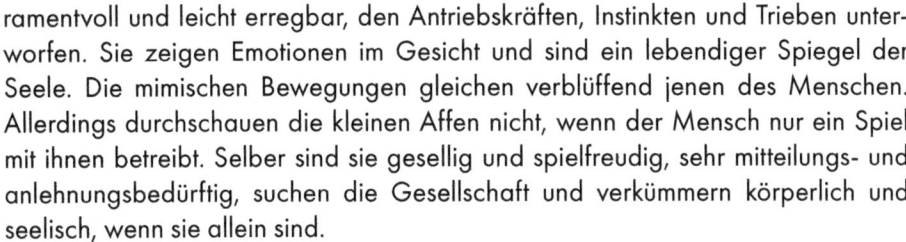

Affen sind weder boshaft, noch tückisch, aber temperamentvoll und leicht erregbar, den Antriebskräften, Instinkten und Trieben unterworfen. Sie zeigen Emotionen im Gesicht und sind ein lebendiger Spiegel der Seele. Die mimischen Bewegungen gleichen verblüffend jenen des Menschen. Allerdings durchschauen die kleinen Affen nicht, wenn der Mensch nur ein Spiel mit ihnen betreibt. Selber sind sie gesellig und spielfreudig, sehr mitteilungs- und anlehnungsbedürftig, suchen die Gesellschaft und verkümmern körperlich und seelisch, wenn sie allein sind.

Verändert sich der Affe im Traum, bekommt beispielsweise ein menschliches Gesicht, ist das ein sehr positives Zeichen: Der Träumende wird sich seiner Animalität bewusst.

Im Fernen Osten galt der Affe wegen seiner vielen Fähigkeiten und Begabungen als Narr und Sinnbild der Weisheit. Der Affe gaukelt den Menschen etwas vor, äfft sie nach und hält ihnen damit einen Spiegel vor.

In der Antike stand der Affe für den Totengott Thoth.

Im Mittelalter wurde er oft dem Teufel gleichgesetzt, ein Bild für das Animalische, für Triebe und Leidenschaft.

Im Hinduismus ist Hanuman, der Affengott, Sohn des Windes und einer der beliebtesten Götter. Er gilt als Inkarnation von Shiva, einem der drei Hauptgötter, und sieht sich als Diener von Rama und Sita. Hanuman symbolisiert den menschlichen Geist, der durch tiefe Hingabe (Bhakti) in höhere Bewusstseinsebenen führt – jeder kann Gott erfahren. Hanuman konnte sich sehr klein und sehr gross machen. Er ist aber auch bereit, Verantwortung zu übernehmen. Im Dienst an Gott wächst er über sich hinaus. Glaube kann Berge versetzen: Hanuman konnte durch grosse Hingabe an Rama über die Meerenge zwischen Indien und Sri Lanka springen und Heilkräuter aus dem Himalaya nach Ceylon bringen, um Rama zu befreien.

Die Bedeutung des Affen in den chinesischen Tierkreiszeichen entspricht dem Platz des Löwen in der westlichen Astrologie. Die in diesem Zeichen Geborenen gelten als vielseitig, schnell, überzeugend, geschickt, humor- und phantasievoll.

Ameise

Fleiss / Belastbarkeit / Teil des Ganzen / Organisation / kollektives Bewusstsein

Mit dieser Karte krabbelt die Ameise in dein Leben. Sie will dir mehr Fleiss ans Herzen legen. Du sollst dich als Individuum zurück nehmen und den Blick für die gesamte Gesellschaft und ihr Fortkommen bewahren. Widme dich mehr dem kollektiven Bewusstsein. Jede/r hat dabei seine Aufgabe, auf die er spezialisiert ist. Du darfst deiner Ausdauer vertrauen. Vermutlich bist du kräftiger und belastbarer, als du bisher selber angenommen hast. Überschreite deshalb Grenzen! Fleiss ist nun angesagt, damit du voran kommst.
Hat dein Nächster Hilfe nötig, zögere nicht, sondern pack kurzentschlossen zu.

Tagesbotschaft
Halte durch – auch wenn du im Moment nicht siehst, wozu dies nötig ist.

Ameisen sind arbeitsteilig in grossen „Staaten" organisiert. Sie kennen mindestens drei Kasten: unfruchtbare Arbeiterinnen, Soldaten, Weibchen als Königinnen und Männchen. Letztere beiden besitzen Flügel für den Paarungsflug. Nach der Paarung sterben die kleineren Männchen, weil sie sich nicht selber ernähren können, während die grösseren Weibchen die Flügel abwerfen und dann dauernd Eier legen.
Ein einziger Ameisenhaufen kann 20 oder mehr Königinnen enthalten. Diese werden bis zu 10 Jahre alt, während die Arbeiterinnen nach wenigen Monaten sterben. Die Soldaten verteidigen den Bau mit ihren grossen Kieferzangen.
Ameisen bilden eine grosse Vielzahl unterschiedlicher Lebensweisen aus, von nomadischen „Jägern" über „Sammler" und „Züchter" als eine Art, die Pilze als Nahrungsquelle kultiviert, wie beispielsweise die Blattschneiderameisen. Zudem gibt es Ameisenvölker, welche Blattläuse im Bau wie Vieh halten und melken. Auch setzen sie Samen um den Haufen herum und ernten dort.
Ameisenstaaten beeinflussen ihr Umfeld nachhaltig und tragen einen Grossteil zur Umschichtung der obersten Erdschicht bei, unterstützen den Abbau pflanzlicher Materialien, verbreiten Pflanzensamen und regulieren als Räuber andere Bestände.
Beeindruckend sind die grossen Ameisenhaufen mit bis zu 500'000 Einzeltieren. Die äussere Kuppel ist zum Schutz da und speichert die Wärme der Sonne.

     www.ergo-beruehren-begreifen.ch

Im Innern gibt es mehrere Stockwerke und eine Vielzahl Kammern.

Die Roten Waldameisen schliessen abends oder bei Regen gar die Eingänge. Bei änderndem Wetter werden die Puppen in die jeweils optimalen Kammern transportiert. Ihre Strassen markieren sie mit Duft.

Trotz ihrer geringen Grösse ist die Ameise fähig, ein Vielfaches ihres Körpergewichtes als Last zu transportieren (bis zum Fünfzigfachen ihres Eigengewichts).

Das Individuum in der Gesellschaft dieses Staates wird wenig bis gar nicht berücksichtigt. Dadurch ist ein anderes Verständnis für das kollektive Unbewusste gegeben. Die einzelnen Tiere helfen sich gegenseitig. Manche transportieren in ihrem Magen den Saft von Pflanzen oder Blattläusen und füttern beispielsweise mit diesem Saft die erschöpften Kameradinnen.

Beim Träumen von Ameisen – vor allem wenn sie in einer Vielzahl auftreten – ist dies oft ein Gefahrensignal. Die Psyche schlägt Alarm.

Es sollte Ruhe und Entspannung bewahrt werden.

Amsel

Transformation des Traumes / Grenzen setzen / Musikalität

Hörst du jetzt die Amsel singen oder erscheint sie in anderer Form in deinem Leben, erinnert sie dich, deine Grenzen im Leben zu überprüfen.
War es ein Männchen, das dir begegnete, sollst du dir Gedanken zu deinen äusseren Einschränkungen und Zäunen machen. War es ein Weibchen, geht es um deine inneren, selbstaufgebauten Beschränkungen.
Gib deinem Willen und damit deiner Stimme Klarheit und kommuniziere.
Entdecke auch deine Musikalität – vielleicht ist es Zeit, dich dieser aktiv und passiv mehr zu widmen?
Singe von deinen Wünschen und Träumen!
Die Amsel wird dich darin unterstützen, geniesse die Klänge und spüre die Vibrationen, die durch das Entstehen des Klanges in deinem Körper schwingen.
Sowohl der Boden als Element der Mutter Erde als auch die Luft beim Fliegen sind dir vertraut. Finde eine Mitte und gute Verbindungsmöglichkeit damit.
Schliesse dich ans Licht an, die Möglichkeiten des Überbewussten, doch verliere nicht den Boden unter den Füssen.

Tagesbotschaft
Singe ein Lied und freue dich an den Klängen!

Die Amsel gehört zur Art der Drosseln und ist sehr weit verbreitet.
Männchen und Weibchen sind klar zu unterscheiden: Das Männchen hat ganz schwarze Federn, einen orangen Schnabel und ebensolche Augenumrandung, Weibchen sind bräunlich und unauffälliger.
Je nach dem, was uns erscheint, widerspiegelt das Männchen die äussere Welt, das Weibchen mehr unsere passive, weibliche, innere Seite.
Das Männchen ist ein begnadeter Sänger und markiert damit jeweils abends wie morgens von den höchsten Stellen aus sein Territorium mit einem grossen Gesangsrepertoir. Dieser Gesang endet gewöhnlich mit einem lieblichen Flöten, das wie ein zartes Summen nachklingt.
Bei Gefahr können die Amseln aber auch ein nervöses, zeterndes, lautes Geschrei als Alarm loslassen.
Auffällig an der Amsel ist ihr Gang am Boden. Hierbei kann sie richtiggehend

rennen, aber auch hüpfen, wie es andere Vögel tun.

Beide Elternteile kümmern sich aufopfernd um die Jungen. Diese lassen sich oft viel zu früh aus dem Nest fallen, bevor sie fliegen können. Trotzdem kümmern sich die Eltern auch dann um sie.

Amseln sind keine Zugvögel, sondern verbringen den Winter hierzulande.

Bär

Gemütlichkeit / Stärke / Respekt / Macht / Geborgenheit / Beschützerinstinkt

Drollig, gemütlich und friedliebend tappt der Bär in dein Leben. Er zeigt dir die weibliche Kraft und erinnert dich an die Erdverbundenheit, wenn er sich zur Winterruhe in eine Höhle zurückzieht. Dort, in aller Heimlichkeit bringt die Bärin ihre Jungen zur Welt, so wie auch du nicht viel Aufhebens machst.

Doch gibst du deinem Nachwuchs (auch neue Ideen und Projekten) Wärme, Sicherheit und viel Aufmerksamkeit.

Du entwickelst das Gefühl für genau den richtigen Zeitpunkt. Ist es von Nöten, kannst du nun deine schlummernde Bärenstärke nutzen und dich durchsetzen. Lege dir ein dickeres Fell zu!

Von seiner dunklen Seite zeigt sich dir der Bär, wenn er dich auf Gleichgültigkeit, Trägheit oder Griesgrämigkeit hinweist.

Um den Überblick zu bekommen, stellt sich der Bär auf wie der Mensch. Du zeigst damit eine natürliche Autorität und erhebst Anspruch auf Gerechtigkeit. Dein Handeln ist von der höheren Ordnung geleitet. Und der Bär will dich an deine Wurzeln erinnern, wenn du sie verloren hast.

Brauchst du dafür Mut, Kraft, Entschlossenheit oder Schutz, rufe dem Bären.

Für neue Kraft ziehst du dich in dich selbst (in deine Bärenhöhle) zurück. So finde nun deine Mitte und lebe im Einklang mit der Natur.

Durch Meditation kannst du zudem deine Kreativität schulen.

Tagesbotschaft

Lass dich von deinem Engel in einen schützenden, warmen Mantel hüllen und fühle diese Geborgenheit! Vertraue deinen Kräften!

Bären wirken langsam, tapsig, gutmütig und bedächtig. Zu vielem, was der Mensch vermag, sind Bären ebenfalls in der Lage. So können sie aufrecht stehen, auf Bäume klettern, Honig ernten und Fische fangen.

Bei den Germanen war die Bärin die Königin der Wälder. Ein gutmütiger, friedlich-brummiger, behäbiger Bär deutet auf mütterliche Sicherheit und Geborgenheit hin oder auf das Verlangen danach. Die Bärenmutter mit ihrem starken Beschützer-instinkt kann denn aber auch gefährlich werden, wenn sie ihre Jungen verteidigt.

Bären legen keinen Wert auf Treue. Das Männchen hat für genügend Standfestigkeit einen Penisknochen.

Aufgerichtet misst der ehemals hier heimische Bär 2,5 Meter. In dieser Stellung würde er jedoch niemals angreifen. Damit will er nicht seine Grösse demonstrieren, sondern den Überblick bekommen.

Als Allesfresser verspeist er sowohl Wurzeln, Früchte als auch Schnecken, Insekten, Kleinsäuger oder Jungvögel, aber auch Schafe.

Viele Pflanzen erben wegen der besonderen Eigenschaften seinen Namen wie Bärenklau, Bärlapp, Bärwurz, Bärlauch, Bärentatzen.

Im europäischen Kulturkreis wird der Bär mit der weiblichen Kraft der Natur in Verbindung gebracht, mit Macht und Respekt. Der Bär symbolisiert spirituelle Stärke und Macht. Er steht für den Wunsch, der Kraft der eigenen Kreativität zu begegnen. Oft findet er sich als Wappentier.

Ebenso ist er ein Sternbild am Himmel, jedoch klar dem Element Erde zuzuordnen.

In vielen Legenden der Indianer war der Bär wegen seines Gerechtigkeitssinns, seiner Kraft und seines Mutes der Vorsitzende der.

Ihm wurden Heilbefähigung, Führungsqualitäten und der Wille zur Verteidigung zugesprochen.

In Märchen ist der Bär oft ein verwunschener Prinz, der auf Erlösung wartet. Bärenträume sind deswegen für Männer wichtiger als für Frauen, weil er ihnen zeigt, dass sie die dunkle, weibliche Seite der Sexualität annehmen sollen, um ihre Ängste zu verlieren und ein erfüllendes Sexualleben zu führen.

Die Furcht vor bedrohlichen Bären in Träumen bezieht sich meist auf erdrückende, belastende weibliche bzw. mütterliche Besitzergreifung.

Erscheint ein Bär einer jungen Frau im Traum, muss sie mit einer gefährlichen Rivalin oder einem anderen Missgeschick rechnen.

Biber

Sicherheit / geliebtes Zuhause / Kraft der Vision / Arbeit / Kontinuität

Mit dem Biber an deiner Seite erschaffst du dir ein gemütliches, grosses Zuhause. Du hast dabei klare Vorstellungen. Das macht es für Nachbarn und Mitmenschen nicht immer einfach. An- oder Umbauten sowie Renovierungen und Neubauten gelingen dir. Du erfüllst diese Räume mit Liebe, Blütenknospen, Behaglichkeit und Schönheit.

Wie der Biber in der Natur werde nun selber der Gestalter deiner Wirklichkeit. Reife an deinen Visionen, auch wenn es auf dem Weg dahin Rückschläge gibt. Deine Lebenspläne sind klar und gut erkennbar.

Es ist wichtig, dass man errichtete Dämme erkennt und überprüft, ob sie (noch) nötig sind oder ein anderer zur Abgrenzung gebaut werden muss, um Innen und Aussen ins Lot zu bringen.

Reagierst du manchmal überempfindlich, unflexibel oder zu eigensinnig? Bestrafst du dich selber? Dann ist es an der Zeit, dies abzulegen.

Achte auf ein harmonisches Arbeitsklima, so dass es dir Freude macht, und lass genügend Raum für Wachstum und Expansion.

Der Biber zeigt dir, wie du das Emotionale des Wassers auf ein gleiches Niveau mit dem Materiellen der Erde bringen kannst, um so konstante, starke Beziehungen zu anderen aufzubauen. Du hältst dich am liebsten im engsten Familienkreis auf und machst keine grossen Reisen.

Im Wasser fühlst du dich wohl. Das Rückenschwimmen entspannt dich.

Du widmest dich mehr dem Weiblichen und deinen Gefühlen. Alte Gefühlsbelastungen lassen sich jetzt mit Hilfe des Bibers auflösen. Im Winter sollst du deine Aktivitäten runterfahren. Gönne dir viel Gutes für die Seele. So bist du zufrieden und ausgeglichen, wenn wieder mehr Aktivitäten auf dich warten. Merkst du, dass du neue Wege, Abflüsse und Auswege brauchst für deinen Herzensfluss, dann suche nach kreativen und aussergewöhnlichen Lösungen.

Lege besonderen Wert auf die Pflege deiner Zähne, damit sie so stark bleiben wie jene des Bibers. Man weiss nie, wann es Hartes zu beissen gibt. Doch du darfst auf diese Kräfte vertrauen und weisst, dass nicht nur dein Kiefer, sondern auch deine Psyche solch harte Brocken vertragen kann.

Tagesbotschaft
Sei ganz im Moment und ganz bei dir!
Der Biber (Castor) ist der grösste Nager im nördlichen Europa. „Bibros" ist abgeleitet vom keltischen Wort für „der Braune, der Rötliche". Die Kelten respektierten

diesen Begleiter, gerne wenn sie sich in Bach oder Gewässernähe niederliessen. Zeugen von seiner früheren Verbreitung sind noch heute Ortsnamen wie Biberach, Biba, Biberbrugg oder Gewässer mit dem Namen Bieber, auch der Familienname Bieber.

In vielen indianischen Legenden findet der Biber als „Kleiner Bruder" seinen Platz. In manchen Stämmen wird er als die „Niere der Mutter Erde" bezeichnet. Weil man früher meinte, der Biber ernähre sich von Fischen, war er eine beliebte Fastenspeise der Christen vor Ostern, wobei er in Wahrheit Vegetarier ist.

Ein besonderes Merkmal ist des Bibers breiter, abgeplatteter Schwanz (Kelle), aber auch sein dickes Fell, 400mal dichter als die Haare des Menschen, und die starken, nachwachsenden Vorderzähne.

Obwohl er ein Landtier ist, verbringt er einen Grossteil seines Lebens im Wasser. Dieses muss zur Fortbewegung mindestens 80 cm tief sein, was er durch Anstauen erreicht.

Der Biber ist eines der wenigen Tiere, das seine Umgebung sichtbar verändern kann, um für seinen eigenen Frieden, seine Sicherheit und Zufriedenheit zu sorgen. So kann er neben dem Burgen- und Dammbau auch die Teichrose ansiedeln als eines seiner Nahrungsmittel. Neben Pappeln und Weiden schneidet der Biber auch Obstbäume in seiner typischen kegelförmigen Weise.

Knospen, Rinde und Zweige sind seine Nahrung.

Dickere Äste verbauter in Dämme. Seine Biberburgen können das Wasser bis 1,5 Meter überragen und enthalten mehrere Ebenen. Zugänge und Fluchtwege führen unters Wasser. Im Innern weisen sie jedoch trockene Kammern auf. Dort verschläft er den grössten Teil des Winters und fährt seine Körpertemperatur deutlich runter.

Biber leben monogam mit ihrer kleinen Familie in streng abgegrenzten Revieren. Die Paarung findet im Winter statt und der Zuwachs sind meist 4 Jungtiere, welche allenfalls mit den Jungen vom Vorjahr zusammen mit den Eltern leben.

Wegen seines wertvollen Pelzes, dem begehrten Fett (Sekret Castoreum oder Bibergeil) sowie zur Abwehr von Schäden wurde der Biber in früheren Jahrhunderten stark verfolgt und nahezu ausgerottet. Mittlerweile sind Wiederansiedlungsversuche erfolgreich verlaufen.

Das besondere Fett benutzt der Biber, um sein Fell wasserabweisend zu machen oder sein Revier zu markieren. Tatsächlich enthält es viel Salicylsäure, einen Bestandteil des Aspirin, weshalb das Fett als Allheilmittel galt. Da der Biber nun unter Artenschutz steht, kann dieseradikale Umgestaltung seiner Umgebung auch zu Konflikten mit dem Menschen führen: allzu viel Kahlschlag und Überstauungen im Fluss. Kreative Lösungen sind gefragt.

Biene

Dienen / Produktivität / Ordnung / Bescheidenheit / Süsse des Lebens

Ohne dich würde die Welt untergehen und trotzdem bist du bescheiden und fleissig wie die Biene. Es braucht Menschen wie dich, welche sich still und bescheiden eingliedern. Du erfüllst deine genau festgelegte Arbeit. Du brauchst diese Werte, um dich zu verwirklichen.

Trotzdem sieh all die Süsse des Lebens. Stehen unerfüllte Sehnsüchte im Raum, die dich an diesem Genuss hindern?

Eine Erkrankung der Bauchspeicheldrüse oder Diabetes kann dich darauf hinweisen, dass es dir vermutlich an dieser Lebenssüsse mangelt.

In der Luft fühlst du dich wohl und pflegst dich nach getaner Arbeit, willst aber in der Masse doch nicht auffallen.

Auch dein Zuhause hältst du in fast peinlicher Ordnung. Beim Putzen ist dir nichts zu viel. Pass aber auf, dass du nicht zu pedantisch wirst.

Tagesbotschaft
Werde Teil des Ganzen und gehe auf in deiner dienenden Aufgabe.

Höhlenbilder zeigen Menschen beim Ausräumen wilder Bienenstöcke.

Kelten glaubten, die Bienen hätten Kontakt zum Jenseits.

Bei den alten Griechen war die Biene in ihrer Götterwelt Symbol für die Fruchtbarkeit.

Die Priesterinnen in römischen Tempeln wurden auch Bienen genannt.

Schon immer war der süsse Bienenhonig Inbegriff für Gesundheit und Wohlbefinden.

Seit Millionen von Jahren leben Bienenarten und Blütenpflanzen in enger Lebensgemeinschaft.

Die Biene ist für das Gleichgewicht in unserem Ökosystem unabdingbar. Indem sie die Pflanzen bei ihrer Fortpflanzung unterstützen, haben sie zu den Blütenpflanzen eine viel innigere Beziehung als die meisten anderen Insekten.

Ihre soziale Struktur mit einer Königin, Arbeiterinnen, Ammen und Soldaten ist hervorragend. Die Königin erhält als Larve besonders ausgewähltes Futter. Nach der Paarung im Flug mit ca. 12 Männchen, speichert sie 5 Mio. Spermien, was für ihr ganzes Leben reicht. Gut 3 Jahre legt sie täglich 1'500 bis 3'000 Eier ab. Die Arbeiterinnen pflegen und füttern sie und den Nachwuchs. Die Last der Brutfürsorge liegt ganz bei den Weibchen. Während der Schwarmzeit von Mitte Mai bis August, wenn eine neue Königin durch entsprechende Pheromone als gesund gedeutet werden kann, verlässt die Stockmutter zusammen mit einem Teil ihres Volkes den Stock. Arbeitsbienen, die nur etwa 4 bis 6 Wochen alt werden, sind nur ca. 15 mm gross, während die Königin 19 mm misst.

Die stachellose Drohne, das Männchen, wirkt plump und dick und besucht keine Blüten, sondern schlemmt Vorräte aus den Waben oder bettelt die Arbeitsbiene an.

Sammelbienen zeigen mit einem Rundtanz eine Futterquelle an.

Der Schwänzeltanz zeigt sowohl die Richtung als auch die Entfernung und den Reichtum.

Typisch für die Bienen ist ihr Giftstachel. Die meisten Bienenarten sind nicht aggressiv und stechen nur, wenn sie sich bedroht fühlen. Sticht eine Biene, dann muss sie sterben, weil ein Teil ihres Magens mit dem Widerhaken des Stachels herausgerissen wird. So ist sie bereit, für das Wohl des Volkes zu sterben.

In der Symbolsprache verkörpert die Biene das menschliche Sein.

Bereits bei den Ägyptern waren die Bienen überirdisch und die Verbindung zwischen Himmel und Erde. Die Pharaonen liessen sich ihr Antlitz in Bienenwachs formen. Die Imkerei war da bereits gut bekannt. Honig war den Göttern und Königen vorbehalten, wurde geopfert um Versorgung und Fruchtbarkeit des Landes zu sichern und wurde als Heilmittel eingesetzt.

Ihre Abbildungen finden sich vielfältig in den Tempeln wieder und die Biene war Symbol für Regeneration und Wiedergeburt.

Büffel / Wasserbüffel / Bison

Gemeinschaftssinn / Ausdauer / Überfluss / Beständigkeit

Du bist eine ruhige Natur - beharrlich, selbstsicher und versorgst dich und deine Sippe mit Umsicht. Du lässt deine Intuition zum Zug kommen, wenn die Gelegenheit stimmt, und stellst deinen freien Willen für die Gemeinschaft und ihr Wohl zur Verfügung.

Dank dem Büffel kannst du die Verbindung zur alten Quelle wieder finden. Das Herz pulsiert stark und beständig. Emotionen können mit Gleichmut und Akzeptanz gesehen werden. Allerdings kannst du auch zu viel Starrsinn und Dickköpfigkeit aufweisen.

Liegt dem die Angst vor Mangel oder Verlust zugrunde?

Der Büffel führt uns zu den ewigen Jagdgründen und zum inneren Frieden.

Tagesbotschaft

Stelle dich deinen Ängsten und trete mutig ein, um aus ihnen hinauszufinden.

Unter Büffeln werden mehrere Arten von asiatischen und afrikanischen Rinderarten zusammengefasst. Der Wasserbüffel ist bei den asiatischen Formen der am weitest verbreitete, wurde zu einem wichtigen Haustier, ist wild aber kaum noch anzutreffen.

Bei nordamerikanischen Stämmen wurden Büffel als Abgesandte und Gabe von Manitu verehrt, sehr geschätzt und als heilig angesehen. Der Büffel wurde für den Regenzauber angerufen, da er der Erde und dem Wasser zugehörig zählt. Fleisch und Haut liessen die Indianer überleben und machte sie „unverwundbar". Es waren grosse mächtige Herden, die Reichtum und Fruchtbarkeit zur Schau stellten.

Auch bei anderen Kulturen standen Viehherden für Fülle, Segen, Sicherheit und Kraft der Gemeinschaft.

Mit seinem dicken Fell strotzt der Büffel Hitze und Kälte.

Beide Geschlechter der Wasserbüffel tragen Hörner mit einer Spannweite von ca. 2 Metern. Diese dienen zum Schutz und zur Sicherheit der Gemeinschaft. Die weit auseinander gespreizten Hufe ermöglichen das Gehen im Sumpf.

Der Lebensraum des Wasserbüffels befindet sich denn auch in offenen Feuchtgebieten, Sumpfwäldern und bewachsenen Flusstälern. Wegen der Insekten hält er sich gerne im Wasser auf und hat danach eine Schlammschicht, welche keine Insektenstiche durchdringen lässt. Am Ende der Paarungszeit werden die Bullen von der Leitkuh verjagt. Schon davor sind sie Einzelgänger oder in Verbänden anderer junger Bullen. Bis zum Lebensende bleibt der Büffel ein Einzelgänger. Neben dem Menschen sind einzig Tiger und Krokodile Fressfeinde des Wasser-

büffels. Im Vergleich zur Kuh hat die Milch der Büffelkuh einen fast doppelt so hohen Fettgehalt (8%) und eine längere Haltbarkeit. Auch hat sie mehr Kalzium, Eisen, Phosphor und Vitamin A. Echter Mozarella wird aus Büffelmilch hergestellt.

In vielen Sagen und Märchen kommen Büffel vor. In der indischen Mythologie verkörpert der Wasserbüffel den Dämon Mahishasura, ein Mischwesen aus Büffel und Mensch, welcher von keinem der Götter besiegt wird, bis die Kriegsgöttin Durga ihn doch niederringt. Im Hinduismus ist der Büffel auch das Reittier des Herrn der Unterwelt, Yama genannt.

In China war das Jahr 2009/2010 das Jahr des Büffels. Er gehört dort zu einem der 12 Sternzeichen.

In Thailand nimmt der Büffel keine sehr positive Rolle ein, nennt man doch einen sturen, dummen, lernunfähigen, unbeweglichen Menschen abfällig „Khwaai", Büffel.

Chamäleon

Anpassung / Beobachten / Verwandlung

Wie aus einer andern Welt, vor Urzeiten entstanden, wirkst du auf viele, obwohl du dich perfekt tarnst. Das Chamäleon erinnert dich deshalb an deine Wandlungsfähigkeit und Anpassungsfähigkeit. Von Moment zu Moment passt du dich deiner Umwelt an, um nicht aufzufallen.

Im Psychologischen gilt das Chamäleon als Warnung, dass man sich zu sehr an seine Mitmenschen anpasst und dafür nicht den entsprechenden Dank erhält. Man will es allen recht machen.

Freunde, die es nicht böse meinen, aber von deiner Art profitieren, scharen sich um dich. Das Chamäleon warnt dich. Es könnte sein, dass man dich betrügen will. Blitzschnell fängt das Chamäleon mit seiner langen, klebrigen Zunge die Insekten. Scheinbar unkoordiniert rollen seine Augen auf unterschiedliche Seiten und beobachten alles. So nimmst auch du die Beobachterrolle ein und siehst alles, was um dich herum geschieht.

Wie in Zeitlupe bewegst du dich. Übertreibst du aber deine Rolle, nimmt man dich nicht mehr ernst.

Tagesbotschaft

Überdenke deine Wahrnehmung und deine Wahrheit. Welche Illusionen solltest du besser über Bord werfen?

Auf Madagaskar gibt es die grösste Artenvielfalt von Chamäleons. Ansonsten finden sie Lebensräume in Afrika, Teilen der arabischen Halbinsel und des westlichen Indien, in Sri Lanka und an der Mittelmeerküste. Nahezu alle Chamäleons sind heute vom Aussterben bedroht.

Chamäleons weisen einige typische körperliche Merkmale auf. Auffällig sind ihr gedrungener Rumpf, der hohe Rücken, ihre spezialisierten Augen, ihre Greifhände, die ausgeprägte Farbwechselfähigkeit der meisten Arten sowie ihre lange, zur Jagd einsetzbare Zunge. Sie ist mit einem nicht klebenden Sekret beschichtet, wodurch die Haftung erhöht wird. Fällt das Chamäleon vom Baum, kann es die Lungen aufblähen, um den Fall abzufedern.

Die Augen des Chamäleons sind leistungsfähiger als das menschliche Auge.

   www.ergo-beruehren-begreifen.ch

Deswegen kann das Tier mögliche Feinde rasch erkennen und Schutz im Blattwerk suchen. Eine weitere Fähigkeit, die in dieser Ausprägung nur bei Chamäleons vorkommt, liegt im unabhängigen Bewegen der Augen. Die Augen sind so angeordnet, dass sich die Gesichtsfelder nur in einem kleinen Bereich zu einem Bild überlagern können und so meistens zwei einzelne Bilder entstehen.

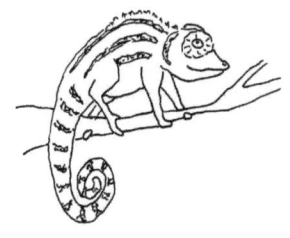

Das Gehör des Chamäleons ist im Gegensatz zum Sehsinn relativ schlecht entwickelt. Der Farbwechsel dient bei Chamäleons nicht nur der Tarnung, sondern vor allem der Kommunikation mit Artgenossen. Jede Farbe symbolisiert eine Emotion. Die Färbung hängt zudem von äusseren Faktoren wie Temperatur, Sonneneinstrahlung, Tageszeit oder Luftfeuchtigkeit ab. Bei hohen Temperaturen färben sich die Tiere hell, um das einfallende Licht zu reflektieren. Im Alter werden die Farben blasser.

Wie andere Reptilien häutet sich ein Chamäleon.

In Europa steht das Chamäleon für Betrug und Aufstieg – auch auf Kosten anderer.

In manchen Kulturen symbolisiert das Chamäleon die Zeit, da seine Augen gleichzeitig nach hinten, vorne und zur Seite (Vergangenheit, Zukunft, Gegenwart) schauen können.

Besonders in der Mythologie Afrikas spielt es eine wichtige Rolle. Es wird dabei mit dem Tod in Verbindung gebracht und oft eher als Unheil verkündend wahrgenommen. Allerdings wird ihnen auch Heilung nachgesagt.

Dachs

Mut / Entschlossenheit / Toleranz / Selbstheilung

Du wohnst gerne in weitläufigen Wohnungen oder Häusern und bist am liebsten nachts unterwegs. Du wirkst anfänglich abweisend und etwas grummelig. Im Herzen bist du jedoch gutmütig und treu. Kinder und Tiere erkennen dies schnell, Erwachsene nehmen dich als nicht sehr zugänglich wahr. Du kannst wunderbar Geschichten erzählen und bist sehr kräuterkundig. So wendest du lieber Alternativ- als Schulmedizin an.

Vertraue auf den Rat des Dachses, denn er kennt sich aus mit heilenden Pflanzen, Wurzeln und Blüten. Er regt deine Selbstheilungskräfte an, weil er dich zu deiner inneren Natur zu führen vermag.

Taucht also der Dachs bei dir auf, hast du einen guten Lehrmeister.

Intuitiv weisst du, was dich unterstützen kann. Durch die Verbindung mit der Erdenergie bringt dir der Dachs Impulse für Problemlösungen.

Wenn du zögerlich, pessimistisch oder menschenfeindlich gestimmt bist, schenkt er dir Mut, Toleranz und Standfestigkeit. Handle jetzt entschlossen!

Tagesbotschaft
Nutze deine Selbstheilungskräfte und dein inneres Wissen zu Naturheilpflanzen.

Der Dachs gehört zu den grössten Erdmardern. Sein Körperbau ist gedrungen, kurze Beine sind ein Merkmal sowie die schwarzen Streifen auf dem weissen Kopf - Maske genannt - welche sich über Nase und Augen ziehen.

In der Winterruhe verliert er einen beträchtlichen Teil seines Gewichts.

Er ist hauptsächlich nachtaktiv.

Seinen Stand verteidigt er mutig fauchend, wenn er sich in die Enge getrieben fühlt. Deswegen wird er in den Fabeln „Meister Grimbart" genannt. Man schätzte den Mut und die Entschlossenheit des Dachses früher sehr. Er wird dort als unzugänglicher Einzelgänger dargestellt, dabei leben sie sehr gerne in geselligen und sozialen Familienverbänden und kommen auch gut mit anderen Tieren zu Rande. So teilt er seinen Bau zum Beispiel oft mit Füchsen.

In Amerika hat man das Zusammenleben mit Kojoten beobachtet zum Vorteil beider Tierarten, tags die Schnelligkeit der Kojoten, nachts die Verstecke unter der Erde. Dachsbauten sind bevorzugt in Mischwäldern zu finden. Die Bauten haben Latrinen, bei denen der Dachs seine Ausscheidungen an Ausgängen vergräbt.

Fühlt sich der Dachs sicher, sonnt er sich tagsüber vor dem Bau in der Sonne.

Unabhängig von der Befruchtung bringen Dachse ihre Jungen Ende Winter zur Welt. Die Tragezeit für die Jungen beträgt nur 1,5 Monate. 3 Monate gibt es danach Muttermilch für das Junge und dann noch 2 Monate feste Nahrung, ehe die Kleinen selbständig sind.

Früher verkaufte man Dachsfett in Apotheken als wirksames Mittel gegen Rheumatismus. Dachshaare schmücken Jägerhüte und finden sowohl bei Rasier- als auch Malerpinseln Verwendung.

Bei den Indianern galt er als Helfer in der Not, da er laut einer Geschichte Flüchtenden Unterschlupf gewährte und die Verfolger in eine falsche Höhle lockte, die er dann verschloss.

Delphin

Atemübungen für Körper und Seele / Geduld / Inneres Kind

Taucht plötzlich der Delphin an deiner Seite auf, traust du dich wieder deine kindliche, verspielte Seite auszuleben. Der Mensch weiss immer noch nicht, warum die Delphine diese unglaublichen Luftsprünge machen, und so hast auch du als Delphin-Mensch noch deine Geheimnisse. Du bist sehr intelligent und lernst schnell. Es ist dir möglich, dich auf besondere Art zu regenerieren. Dazu hilft dir Meditation genauso wie mehrere Stunden Schlaf.

Freundschaften und enge Familienbande sind dir sehr wichtig und du pflegst sie aktiv. Der Freude über ein Wiedersehen mit ihnen verleihst du deutlich Ausdruck. Du bist für dich, aber auch deine ganze Gruppe, welcher du dich zugehörig fühlst, immer wachsam.

Im heutigen Zeitalter fällt dir manchmal die Orientierung schwer, so dass es vor kommen kann, dass du dich ablenken lässt, was dir gar nicht gut tut und sogar lebensgefährlich werden kann.

Passe dich so gut wie möglich den neuen Umständen an, doch verliere dich nicht darin!

Tagesbotschaft
Geniesse deine Familie und Freunde und schenke ihnen deine Zeit.

Der Grosse Tümmler ist der bekannteste Delphin, doch auch der Orka und andere gehören zu ihnen. Es ist eine Unterart der Wale. Die meisten leben in den verschiedenen Weltmeeren, bevorzugt in Küstennähe, obschon der Delphin bis zu 500 m tief tauchen kann. Es gibt auch Flussdelphine im Süsswasser, welche seitlich schwimmen und blind sind. Sie sind besonders stark vom Aussterben bedroht.

Der Gewöhnliche Delphin ist der Schnellste seiner Art und kann 60 km/h schwimmen und besondere Saltos schlagen.

Da der Delphin ein Säugetier ist und daher keine Kiemen hat, ist er auf regelmässiges Auftauchen zum Luft holen angewiesen. Dies macht er mit dem Blasloch auf seinem Rücken.

Delphine leben in so genannten Schulen. Sie jagen gemeinsam und machen dies als kluge Jäger. Ein Teil der Gruppe bildet eine Mauer, während die andern den Fischschwarm auf diese zu treibt. Sie schauen gut zueinander und beschützen auch gebärende Mütter gegen Haie, da das Blut letztere anlocken kann. Bei der Geburt kommt zuerst die Fluke (Schwanzflosse), dann muss das Junge sofort an die Wasseroberfläche gehoben werden, damit es seinen ersten Atemzug machen kann. Gefüttert wird es unter Wasser. Die

Milch wird in den geöffneten Mund des Babys gespritzt, da es mit der steifen Schnauze nicht saugen kann.

Delphine schlafen nie tief und fest, sondern schalten eine Hirnhälfte ab, während die andere wach bleibt. Dasselbe mit den Augen: eines bleibt immer offen. So sind sie stets wachsam.

Zur Orientierung sendet der Delphin einen hohen Ton aus, der für Menschen nicht mehr hörbar ist, und erkennt an den Schallwellen des Echos, ob und wie weit etwas weg ist.

Heute sind die Delphine weltweit bedroht. Immer mehr Plastik verschwindet in unseren Weltmeeren und macht den Meeresbewohnern zu schaffen. Zudem werden die Meere immer leerer gefischt und die Delphine verheddern sich in den Fangnetzen (300'000 Wale und Delphine pro Jahr), wo sie kläglich ersticken. Zusätzlich werden sie vom Lärm in den Gewässern um ihre Orientierung gebracht. Bohrungen nach Öl, das Militär mit Unterwassertests, viele laute Motoren erhöhen den ständigen Lärmpegel enorm und bringen somit Stress für diese empfindsamen Tiere. Verliert der Delphin dadurch die Orientierung, kann er stranden und verenden.

Drache

Phantasie / Schöpferkraft

Kommt der Drache in dein Leben, kannst du seine Geistkraft nutzen, um dich der Herausforderung zu stellen, alle Elemente zu erfassen und damit die Magie. Nicht zu vergessen die Quinta essentia (die Quintessenz oder fünftes Element des Ätherkörpers). Grosse Umbrüche bahnen sich an. Phantasie, Schöpferkraft und Kreativität stehen dir zur Verfügung. So kannst du grosse Umwandlungen bewältigen. Aus dem Chaos erschaffst du jetzt Neues und findest verborgenes Wissen in dir. Du bist von einem dynamischen Umfeld umgeben. Du willst Grosses erschaffen, über dich hinauswachsen, um deine Grenzen auszuloten. Du brauchst viel Mut und Urvertrauen in deine eigene Lebenskraft, solche Herausforderungen anzunehmen. Der Drache ist dabei ein glücksbringendes Symbol. So kann dir ein grosser Entwicklungsschritt gelingen.
Der Drache kann jedoch auch selbstzerstörerische Kräfte in dir wecken. Sei nicht zu egoistisch und dir deiner Unverwundbarkeit zu sicher.

Tagesbotschaft
Spüre die Urkraft des Schöpfers in dir! Alles ist möglich!

Noch heute ist der Drache tief in der imaginären Vorstellungswelt verankert. Es gibt feuerspeiende, gefiederte und geflügelte Drachen. Sie sind Mischwesen von Reptil, Vogel und Raubtier. Der Drache vereinigt Merkmale von neun verschiedenen Tieren in sich und zählt in der chinesischen Zahlenmystik deshalb als Yang, aktives Prinzip. Besonders in Asien ist er noch heute Glückssymbol und hoch verehrt. Er steht für den Frühling, das Wasser und den Regen. Zusammen mit dem Phönix, der Schildkröte und dem Einhorn zählt der Drache zu den mythischen „vier Wundertieren", die dem chinesischen Welt-Schöpfer Pangu halfen. In den chinesischen Erzählungen ist der Drache überaus langlebig. Jahrtausende kann es dauern, bis er seine endgültige Grösse erreicht. Als gelber Drache mit fünf Klauen gilt er als Kaisertier. Doch auch in China ist es kein durchwegs positives, sondern ein ambivalentes Wesen. Konfuzius sagte: „Ich weiss, dass Vögel fliegen, dass Fische schwimmen und Wild laufen kann. Und was rennt, kann man zusammentreiben, was schwimmt, ist mit Netzen zu fangen, und für das, was fliegt, kann man Pfeile benutzen. Was aber den Drachen betrifft, der auf Wind und Wolken reitet, so weiss ich nicht, wie ich ihn erfassen soll. Ich habe heute Laotse gesehen - und wahrlich: Er gleicht diesem Drachen!"

Auch in vielen europäischen Mythen entspricht der Drache der Weltenschlange als Schöpferin der Erde. Drachen sind Hüter des Baumes des Lebens, aber auch des Todes. Er beschützt verborgene Schätze, und wer einen Drachen besiegt, wird unverwundbar.

In allen 4 Elementen sind Drachen zu Hause, weshalb man sie mit der schöpferischen und magischen Urkraft verbindet.

Im Abendland verbindet man Drachen mit dem Bösen und hebt deren aggressive Art hervor. Helden sind nur die Heiligen, welche mit ihnen kämpfen. Deswegen oder trotzdem tauchen Drachen immer wieder als Wappentiere auf.

Eichhörnchen

Leichtigkeit / Wendigkeit / Ortswechsel

Das Eichhörnchen bringt dir Leichtigkeit, Geschmeidigkeit und Geschicklichkeit. Du bist aufmerksam, wach, agil und hast Freude an Bewegung und Luftakrobatik. Wie dieses Tier magst du besonders kuschelige Kleidung und hüllst dich gerne damit ein. Manchmal benutzt du extravagante Accessoires wie das Eichhörnchen seine Ohrbüschel.
Dein Lebensweg ist sprunghaft und wechselt oft die Richtung. Du suchst deinen eigenen Weg und willst dich an niemanden binden.
Auch deine Kinder ziehst du lieber alleine auf als mit einem Mann, den du gar nicht länger an deiner Seite haben möchtest.
Es genügt dir nicht ein einziges Nest zu haben. Du fühlst dich an manchen Orten zu Hause, bleibst nie allzu lange und wechselst oft und gerne.
Pass auf, dass sich nicht viele unangenehme Parasiten an dich heften und dich ausnutzen wollen. Sobald du dies merkst, wechsle wieder deinen Aufenthalt, wie du es bereits gewohnt bist.

Tagesbotschaft
Widme dich heute deinem Drang nach Bewegung!

Die markanten Ohrbüschel trägt das Eichhörnchen nur im Winter. Dann sind ebenfalls die Pfoten behaart und der unverwechselbare Schwanz am buschigsten. Es legt ihn zum Schutz wie einen Umhang um sich. Wenn das Eichhörnchen baumauf- und abwärts klettert sowie beim Springen von Ast zu Ast, wird der Schwanz als Ruder benutzt. Wegen seines geringen Gewichts können sich Eichhörnchen auch auf sehr dünne Äste wagen.
Die Eichhörnchen sind nahezu in ganz Europa bis auf eine Höhe von 2000 Metern verbreitet, vorzugsweise in Nadelwäldern, aber auch in Laub- und Mischwäldern. Sie werden 3 bis 7 Jahre alt.
Eichhörnchen sind Allesfresser. Sie verbrauchen die Samen von bis zu 100 Fichtenzapfen pro Tag - durchschnittlich sind es täglich 80 bis 100 Gramm. Die meisten Vorräte wie Nüsse und Eicheln versteckt das Eichhörnchen im Herbst. Dank gutem Geruchssinn und Gedächtnis findet es das Meiste wieder. Vergessenes beginnt oft

          www.ergo-beruehren-begreifen.ch

zu spriessen, und somit tragen Eichhörnchen viel zum Waldaufbau bei. Die Grundtechnik des Nüsseknackens ist angeboren und geschieht in Sekunden. Eichhörnchen können Pilze fressen, die für den Menschen giftig sind.

Das Nest der Eichhörnchen ist nahezu wasserdicht und bietet im Winter eine gute Isolation. Von den beiden Zugängen befindet sich einer unten, da die Eichhörnchen bevorzugt von da in ihr Nest gelangen. Sie haben zwei bis acht sogenannte Kobel, welche sie gleichzeitig nutzen und wegen Parasitenbefall öfters wechseln müssen. Im Sommer halten sie darin einen ausgiebigen Mittagsschlaf, im Winter ihre Winterruhe. Die Tiere sind meist Einzelgänger bis auf die Paarungszeit. Sobald das Weibchen paarungsbereit ist, wird das Davonlaufen zu einem Spiel. Eichhörnchen sind polygam. Das Männchen verlässt das Weibchen schon bald wieder und sucht eine neue Partnerin. Bleibt es bis zur Geburt der Jungen, wird es spätestens da vom Weibchen verbissen. Die zwei bis sechs Jungen kommen nackt, blind und taub zur Welt und sind Nesthocker. 80% der Jungtiere überleben das erste Lebensjahr nicht.

Zu den Hauptfeinden gehört der Baummarder. Auch der Habicht, Uhu, Mäusebussard und die Wild- und Hauskatze können zur Bedrohung werden.

Eidechse

Wendigkeit / Planung / Vorsicht / Traumumsetzung

Wenn sich die Eidechse in dein Leben schleicht, weisst du, dass du dich wieder mehr der Sonne zuwenden sollst. Geniesse ihre Wärme, ohne immer etwas zu tun. Häufig lenken wir uns zu sehr ab. Der Hinweis der Eidechse bezieht sich auf aktuelle Träume und Pläne. Weise Voraussicht ist angesagt. Der Traum ist noch nicht zu Ende geträumt. Nutze die Eidechse als deine Beraterin.

Wie ist deine Vorbereitung? Es ist eine gute Zeit, dein persönliches Leben zu planen, aber dem Schicksal die dazugehörige Form der Materie zu überlassen. Den Hauptfokus kannst du ruhig etwas vom Ziel wegnehmen und auf deine innere Stimme richten. Träume und Wünsche sind immer nur der Motor, um die Entwicklung voranzutreiben. Manche Träume sind besser aufgehoben, wenn du sie für dich behältst. Ist die Zeit schon reif, um sie bekannt zu geben und zu verwirklichen? Pass auf, damit du dich von missgünstigen Personen abwenden kannst und nicht in Intrigen verstrickt wirst. Sind Missverständnisse entstanden, so trage deinen Teil zur Aufdeckung bei. Die Eidechse erinnert dich, dass du einen Joker im Leben hast.

Tagesbotschaft
Erfülle den Tag mit Kreativität – egal in welcher Form.

Etwa 4000 Arten Echsen bevölkern die ganze Welt. Dazu zählt auch das Chamäleon. In der Schweiz und Deutschland kennen wir Zauneidechsen, Smaragdeidechsen, Mauereidechsen, Waldeidechsen. Sie leben in der Wärme und bevorzugen deshalb von der Sonne aufgewärmte Steine. Es sind begabte und gute Kletterer. Sie bewegen sich bodennah, sind schlank und agil. Manche fühlen sich nicht nur an Land wohl, sondern können ebenfalls gut schwimmen. Eidechsen lassen ihre in eine Kalkschale gehüllten Eier von der Sonne brüten. Es kann jedoch sein, dass die Jungen von ihren Eltern verspeist werden.

Allgemein ernähren sie sich von Insekten, kleinen Wirbeltieren, Eiern, Schnecken und Würmern.

Die Smaragdeidechse ist die grösste, schönste, flinkeste und scheuste Art in Mitteleuropa. Ihr Schwanz ist meist mehr als doppelt so lang wie ihr Kopf und Rumpf zusammen. Diesen kann sie in der Not fallen und einmal nachwachsen lassen. So wird der Angreifer abgelenkt und die Eidechse kann noch entwischen.

Die Körpertemperatur der Eidechse passt sich an die Aussentemperatur an.

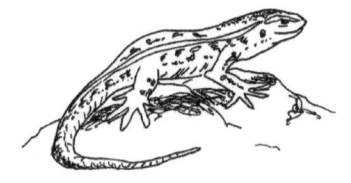

Deswegen erfriert die Eidechse, wenn es 3 Grad Celsius oder weniger hat. Sie muss sich einen frostsicheren Unterschlupf für den Winter suchen. Das ist meistens in Steinritzen, in der Erde oder unter Baumwurzeln. Die Tiere erstarren. Sie wachen auch nicht auf, wenn der Frost so stark wird, dass er ihr Leben bedroht. Erst wenn es warm ist, kommen sie wieder heraus. Sie plant deshalb ihre Zukunft genau und nützt in der Wärme ruhend die Sonne, um für allfällige Fluchtversuche geschmeidig und bei Kräften zu sein. Verstecke für die Nacht sind so gewählt, dass sie Jägern über senkrechte Mauern und mittels eines zweiten Ausganges entkommen können. Nichts wird dem Zufall überlassen. Wie die Schlange vermeidet die Eidechse den Kontakt mit dem Menschen.

Es gibt seit 1687 ein Sternbild namens Eidechse. Es liegt zwischen Kassiopeia und dem Schwan. Durch seinen nördlichen Teil zieht sich die Milchstrasse.

Die Eidechse ist ein Drache in Kleinformat. Im Traum ist sie als Warnung vor missgünstigen Menschen zu verstehen. In vertraulichen Angelegenheiten soll deshalb mehr Vorsicht walten.

Elch

Innere Sicherheit / Selbstwert

Mit dem Elch an deiner Seite brauchst du keine Angst mehr zu haben, irgendwo zu versumpfen. Obwohl du allein bist, fühlst du dich jetzt nicht einsam. Er führt dich sicher durch unwegsames Gelände. Vertraue darauf und finde innere Sicherheit. Zeige nun deine volle Grösse, und stärke dein Selbstwertgefühl. So wirkst du elegant und bewegst dich leichtfüssig. Gegen eisige Zeiten bist du gewappnet, egal was für ein Wind dir aus deinem Umfeld entgegen weht. Du hast deine eigene Meinung und stehst dazu. Ist es nötig, dich zu verteidigen, hast du deine ganz eigenen Waffen und scheust die Konfrontation nicht.
Geniesse dein einfaches Essen wie ein Gourmet und lasse den Geschmack davon lange im Gaumen nachwirken.

Tagesbotschaft
Überprüfe gefällte Entscheide, ob sie tatsächlich deinen Wünschen entsprechen oder du dich von aussen lenken liessest.

Der Elch ist die grösste Hirschart der Welt. Heute leben die meisten im Norden in feuchten, lichten Wäldern und offener Graslandschaft mit Buschwerk. Im zweiten Weltkrieg wurde sein Bestand in Deutschland vernichtet.
Der Elch ist bis zu 2 Meter hoch. Es sind gute Schwimmer und dank den langen Beinen mit den breiten Füssen kann der Elch gut auf Schnee oder im Sumpf laufen, was erstaunt, wenn man bedenkt, dass ein Männchen bis zu 500 kg schwer werden kann. Dank der weit gespreizten Hufe ist ein federnder, elastische Schritt möglich. Ohne Mühe schiebt sich der Elch durch Unterholz und steigt senkrecht bei Hindernissen hoch. Für die Brunft gibt es ein grosses, mächtiges, ausladendes Geweih mit breiten Schaufeln, das eine Spannweite bis zu 2 Metern und ein Gewicht von 50 Pfund bekommen kann. Nach der Bastzeit gibt es unter den Männchen häufig Kampfspiele, die sich von den wirklichen Kämpfen unterscheiden. Die Elchkühe sind im Äusseren gleich, bis auf das fehlende Geweih. Sie werden mit Kälbern sehr angriffslustig und wehren sich mit ihren schweren Hufen. Das kann sogar

     www.ergo-beruehren-begreifen.ch

für ein Wolfsrudel gefährlich sein. Elchkühe mit ihren Kälbern weilen gerne bei Campingplätzen, weil sie dort vor den Wölfen besser geschützt sind. Das Junge nimmt dank der nährhaften Muttermilch innerhalb von 6 Monaten das Zehnfache zu, nachdem es bei der Geburt 12 kg wog.

Morgens und abends geht der Elch zum Äsen und macht am Mittag eine Ruhezeit mit Wiederkäuen im Stehen. Als Feinschmecker bevorzugt er saftige Schösslinge von Birken, Weiden, Espen, Erlen und sogar Wasserpflanzen. Er schält die Bäume von unten nach oben. Als Nahrung brechen die Elche im Winter oft junge Bäume um. Sie fressen dann die Äste und Rinde. Danach halten sie wieder tagelange Winterruhe an einer geschützten Stelle und zehren von ihren Fettreserven und Mineralsalzen aus den Knochen.

Der Elch genügt sich selbst und ist einzelgängerisch.

Elefant

feine Sinne / Mässigkeit / Gedächtnis /
Sanftheit / Sehen / Feinfühligkeit

Als schwerfälliger Riese tritt er in dein Bewusstsein. Doch das, was man von ihm wahrnimmt, trifft gar nicht unbedingt zu. Und so ist es auch bei dir: Vieles, was andere von dir denken, ist aus deiner Sicht ganz anders.
Trotz seiner Masse ist der Elefant sehr sanft, und so ist es ebenfalls bei dir. Es geht nun darum, dein Selbst- und Fremdbild zu überprüfen. Was von all dem bist oder wärst du gerne. Stärke deine Eigenschaften und entdecke, dass bisher ungeahnte Möglichkeiten wahr werden können. Du hast ein Elefantengedächtnis und vergisst Erlebtes nicht mehr. Mit extrem guten Augen nimmst du jedes Detail wahr. Der Elefant will dich Sanftheit und Gleichgewicht lehren. Es ist unglaublich, wie dieser Koloss sein Gewicht in Zeitlupe von einem aufs andere Bein verlagern kann. Übe dich in Balance und lebe deine Mütterlichkeit. Auch fordert er dich auf, deine Sinne zu schärfen und neue Ebenen dazu zu nehmen.
Im Familienverband fühlst auch du dich wohl. Entdeckst du jedoch mehr deine männliche Seite, findest du einzelgängerische Züge.

Tagesbotschaft
Kanalisiere deine Wut und Enttäuschung mit Aggression so, dass die Energie für dich und dein Projekt nutzbar wird.

Elefanten sind die grössten noch lebenden Landtiere. Das auffälligste Merkmal ist der Rüssel, der nur aus Muskeln besteht und verschiedenste Funktionen erfüllt: Tast- und Greiforgan, Atmung, Geruchswahrnehmung, Saug- und Druckpumpe beim Trinken oder als Dusche, zum Kämpfen oder Drohen, als Transportmöglichkeit. Ein Elefantenbulle kann damit in 5 Minuten 200 Liter Wasser trinken. Auch für die Kontaktaufnahme wird er eingesetzt. Gelegentlich dient er beim Tauchen als Schnorchel, und zum Riechen hält der Elefant den Rüssel in die Höhe.
Seit einiger Zeit weiss man, dass sich Elefanten nicht nur über das Tröten mit ihrem Rüssel verständigen, sondern auch mit sehr tiefen, brummenden Tönen. Man spricht deswegen von Infraschall. Er breitet sich nicht nur in der Luft, sondern im Boden aus und ist für den Menschen nicht wahrnehmbar. Dieses leichte Vibrieren des

    www.ergo-beruehren-begreifen.ch

Erdbodens nehmen die Tiere mit ihren Füssen und dem Rüssel wahr. Mit ihrem Gebrumm teilen die Elefanten ihren Artgenossen über Kilometer hinweg mit, wo sie sich gerade befinden, wo es etwas zu fressen gibt oder wo Gefahren lauern.

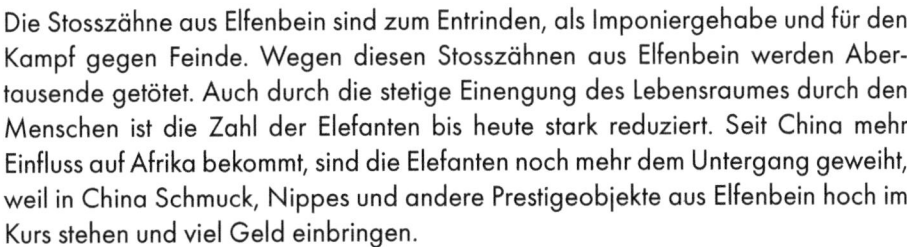

Ein Elefantenkalb wiegt bei der Geburt zwischen 80 und 140 kg. Die Tragzeit von 22 Monaten ist die längste aller Landsäugetiere.

Elefanten ernähren sich ausschliesslich von Pflanzen.

Die Stosszähne aus Elfenbein sind zum Entrinden, als Imponiergehabe und für den Kampf gegen Feinde. Wegen diesen Stosszähnen aus Elfenbein werden Abertausende getötet. Auch durch die stetige Einengung des Lebensraumes durch den Menschen ist die Zahl der Elefanten bis heute stark reduziert. Seit China mehr Einfluss auf Afrika bekommt, sind die Elefanten noch mehr dem Untergang geweiht, weil in China Schmuck, Nippes und andere Prestigeobjekte aus Elfenbein hoch im Kurs stehen und viel Geld einbringen.

Elefanten leben sozusagen im Matriarchat in einer Gruppe aus Kühen und Kälbern zusammen, welche von einer bereits unfruchtbaren Kuh mit viel Lebenserfahrung als Leitkuh geführt wird. Die Bullen leben als Einzelgänger und stossen nur zur Paarungszeit zur Herde dazu. In Indien wurden Elefanten bereits seit dem Altertum als Arbeitstiere eingesetzt.

Berühmt ist der Elefantenzug über die Alpen mit dem Feldherrn Hannibal im Jahre 218 v. Chr.. Ein Stück des Elefanten Abul Abbas als Geschenk des Kalifen Ar-Raschid an Karl den Grossen macht bis heute von sich reden. Aus den Elfenbeinplatten liess sich Karl Platten zum Schreiben fertigen, und diese kamen wiederum später ins Kloster St.Gallen, wo sie durch den Mönch Tutilo Anfang des 10. Jahrhunderts für die Deckplatten des Evangelium longum (Cod. Sang. 53) beschnitzt wurden.

Der Elefant gilt als weise, klug und stark. Elefanten können die Absichten von Menschen anhand derer Stimme erkennen. Er ist ein Symbol für die Mässigkeit. In der indischen Mythologie ist Airavata der erste Elefant. Ganesha erscheint mit einem Elefantenkopf und ist einer der populärsten hinduistischen Götter. Er steht für Wohlstand und Weisheit und gilt als Helfer in schwierigen Lebenssituationen.

In China stehen Elefanten immer noch für männliche Potenz, das Pulver von Elfenbein als Potenzmittel. Die Verbindung zwischen Elefanten und sexueller Energie existierte ebenfalls in Heldenepen des europäischen Mittelalters, in denen „Hörner aus Elfenbein" eine wichtige Rolle spielten.

Schliesslich ist der Begriff des Elefanten teilweise auch negativ besetzt. Die Redensart „wie ein Elefant im Porzellanladen" entspricht in Tat und Wahrheit gar nicht dem Elefanten.

Ente

Beziehung zu sich selbst / bei sich sein

Die Ente will dich erinnern, dass es nur eine Person gibt, die sich immer um dich sorgt und dich unterstützt. Das bist einzig du allein.

Frage dich, ob du dich genug um dich und deine Bedürfnisse kümmerst? Welche Teile an dir vernachlässigst du? Oder meidest sie gar?

Lerne dich selber noch besser kennen.

Im weiblichen Element Wasser fühlst du dich besonders zu Hause und scheust Untiefen nicht. Vertraue auf deine Intuition, so dass du sicher durch das Leben geführt wirst.

Tagesbotschaft

Höre deinem Gegenüber gut zu, sei ganz präsent und überlege, wo es eher ein Spiegel für dich selbst ist und lerne für dich.

Kennzeichnend für Enten ist ihr watschelnder Gang an Land wegen ihres breiten Beinabstandes und ihr Schnattern zur Verständigung. Sie sind vor allem im Element Wasser daheim, aber auch an Land, wo sie brüten. In der Luft können sie sich ebenfalls bewegen, jedoch nicht im Segelflug.

Die Schwungfedern werden nur einmal im Jahr gemausert. Da alle auf einmal ausfallen, werden die Enten kurze Zeit flugunfähig.

Die Eltern mausern normalerweise hintereinander.

Zum Schwimmen an der Oberfläche brauchen Enten keine besondere Anstrengung, weil die Luft zwischen den Federn Auftrieb gibt. Mit dem Fett aus der Bürzeldrüse salben sie ihre Federn ein um sie wasserabweisend zu halten. Sie mögen es gar nicht, wenn Wasser unter ihr Gefieder gelangt. Damit sie kahnartig schwimmen, ist der breite Querschnitt vorteilhaft. Beim Tauchen werden im Gegensatz zum Schwimmen beide Beine gleichzeitig bewegt.

Die Begattung findet fast ausschliesslich auf dem Wasser statt. Das Weibchen hat sogenannte Nestdunen, welche es sich für die Nestpolsterung auszupft. Beim Verlassen des Nestes bedeckt die Ente damit zum Schutze vor Feinden das Gelege. Das Männchen hat ein Prachtkleid mit einem schillernden Grün, das nicht durch Farbstoff, sondern durch die besondere Bauart der Federn bewirkt wird.

Es ist zwischen den Schwimm- oder Gründel-
enten (z.B. Stockente) und den Tauchenten
zu unterscheiden. Letztere liegen viel tiefer
im Wasser und haben auch den Schwanz im
Wasser, haben also eine andere Schwimmhal-
tung. Zum Abflug brauchen Tauchenten Anlauf,
rennen deshalb flügelschlagend übers Wasser,
bis das Tempo zum Abheben reicht. Sie tauchen,

wie ihr Name sagt, mit dem ganzen Körper nach Muscheln, Weichtieren, Insekten-
larven und Wasserpflanzen. Die Schwimmenten können direkt aus dem Wasser
abfliegen. Sie fressen von der Wasseroberfläche oder gründeln im wenig tiefen
Wasser vorwiegend nach Wasserpflanzen oder unterschiedlichen Larven, Schnecken, Wasserkäfern oder -flöhen.

Esel

(Eigen-, Durchhalte-)Wille / Belastbarkeit

Hörst du hinter dir ein lautes, fast klägliches I-A ist es Zeit, deine Aufmerksamkeit dem Esel zu widmen. Robust, aufrecht, mit senkrechten Ohren steht er da und erinnert dich, wie belastbar ihr beide seid. Durchhaltewillen, aber auch allgemein einen Eigenwillen hast auch du. Dieser trägt die Motivation in die richtige Richtung. Die Seele richtet sich immer nach dem göttlichen Plan. Das Wollen macht die Schritte erst möglich. Ruhig, aufmerksam und mit stetem Vorwärtsgehen kommst du nun voran. Nichts kann dich aus der Ruhe bringen.

Bei einem Angriff ist jedoch vehementes Wehren nötig, um deinen Entschluss für deinen persönlichen Lebensweg durchzusetzen. Deine Regenerierzeit ist kurz und du kannst wieder voll im Einsatz stehen. Solange die Arbeitsbedingungen stimmen, leistest du sehr viel. Stimmt jedoch etwas nicht mehr, kannst du störrisch wie ein Esel reagieren. Wenn im Innern Formulierungen wie „Das will ich nicht mehr" auftauchen, musst du das ernst nehmen.

Dein Wille ist stark. Hast du dir etwas in den Kopf gesetzt, ziehst du das durch. Doch pass auf, dass du nicht zu stur wirst. Halte deine Sinne trotz allem offen, damit du flexibel auf veränderte Umstände reagieren kannst.

Du liebst Zärtlichkeiten und erkennst Freunde intuitiv. Auch auf einem engen, steilen oder unüblichen Lebensweg findest du dich gut zurecht und gehst stets vorwärts. Nur manchmal brauchst du eine „Eselsbrücke", um weiter zu kommen.

Wie der Esel vor dem Wasser Angst hat, meidest du die weiblichen Tiefen deines Unbewussten.

Tagesbotschaft
Verstelle dich nicht, wirf Höflichkeiten über Bord und sei direkt – jedoch in Liebe!

Alle Esel stammen ursprünglich vom afrikanischen Wildesel ab. Auch Zebras gehören zur Eselsfamilie. Kreuzt man einen Eselshengst und eine Pferdestute, gibt dies ein sehr belastbares Maultier, auch Muli genannt. Einen kastrierten männlichen Esel nennt man Eselwallach.

Als Lastesel kann er ein Gewicht von ca. 40 kg tragen.
Um den Geruch einer Stute zu wittern öffnet der Hengst die
Lippen. Dies ist das so genannte Flehmen. Die Stute ist nach
der Begattung 12 Monate trächtig. Alle 3 Wochen kann sie
rossig sein. Das Eselfohlen kennt seine Mutter am Geruch fürs
ganze Leben. Die ersten 3 Tage trinkt es nur die Muttermilch,
danach kann das Junge bereits Grashalme fressen. Die Stute
zeigt ihr Fohlen zuerst dem Vater und dann der Herde. Diese
kümmert sich gemeinschaftlich. Eine feste Bindung zwischen
erwachsenen Eseln scheint es nicht zu geben.

Der Esel ist sehr empfänglich für Zärtlichkeiten. Er ist ausgesprochen gut im Erkennen
der Stimmung eines anderen Tieres oder des Menschen.
Man kann Esel erziehen, jedoch nicht dressieren. Ihren Eigensinn haben sie aus
Vorsicht. So gehen sie zum Beispiel nicht durch Wasser und reagieren extrem stur.
Ansonsten ist er sehr arbeitsam und braucht nur 3 Stunden Schlaf (sogar mit Unter-
brechungen) zur Regenerierung.
Beschäftigt man einen Esel zu wenig, lässt er aus Langeweile sein lautes „IA"
ertönen.
Immer an der gleichen Stelle wälzt er sich, um seine gereizte Haut zu beruhigen.
Esel kauen sehr langsam und sehr lange, um gut verdauen zu können.
Auf Angreifer reagieren Esel aggressiver als Pferde. Mit gezielten Fusstritten,
Hufschlägen und Bissen schlagen sie Feinde in die Flucht. Der Esel schlägt jedoch
nur bei Angriff oder Schreck.
Haben Esel Kämpfe untereinander, kann dies tödlich sein.

Eule

Verborgenes suchen / Trugbilder durchschauen / geheimes Wissen / Weisheit / scharfe Sinne

Fast geräuschlos fliegt die Eule in deine Wahrnehmung und schärft dir deine Sinne – nicht nur für die materielle Welt. Plötzlich kannst du leiseste Geräusche von aussen, aber auch aus deinem tiefen Innern wahrnehmen. Das Ereignis kann in deiner Vergangenheit liegen.
Dank der Wendigkeit des Eulenhalses ist es dir nämlich möglich, dies anzuschauen. Die Eule, bei den Griechen ein Symbol der Weisheit, vermittelt dir zeitloses, weiss-magisches Wissen und enthüllt es dir.
Wenn du nun den Geist beruhigst und spirituelle Mysterien erforschst, bist du dazu bereit. Nimm Gutes an und stosse Böses ab. Je weniger Ablenker im Moment, je dunkler die Nacht, desto klarer sind deine Sinne und du siehst deinen Lebensweg. Schärfe deine Sinne.
Du kümmerst dich sehr fürsorglich um deine Nächsten. Zu deinem Partner hast du jedoch kein allzu nahes Verhältnis, gehst gerne deine eigenen Wege. Deine Umgebung kennst du genau und fühlst dich dort zu Hause, brauchst da kaum weg zu gehen.

Tagesbotschaft
Vertraue auf den göttlichen Plan und dass du ein Teil vom Ganzen bist.

Der Uhu ist weltweit die grösste Eulenart.
Eulen leben bevorzugt in der Nähe von Gewässern und sind Einzelgänger. Zwar leben Männchen und Weibchen im gleichen Gebiet, jagen und schlafen aber getrennt.
Eulen sind besonders standorttreu und entwickeln in ihren kleinen Revieren eine grosse Ortskenntnis.
Eulenfedern haben eine weiche, pelzige Oberfläche, was die Fluggeräusche dämpft. Weitere Anpassungen an die Jagd im Dunkeln sind der Gesichtsschleier und der Federkranz, der den Schleier umrahmt. Beide Federntypen dienen der besseren Schallwahrnehmung.
Eulen und die meisten Greifvögel jagen lebende Beutetiere. Die Jäger der Lüfte

sind bestens ausgerüstet: Dank scharfem Blick und feinem Gehör, dank Schnelligkeit und festem Griff ist selbst eine gut versteckte, flinke Maus vor ihnen nicht sicher. Wenn sich das Beutetier durch ein Geräusch verrät, kann eine Eule auch bei völliger Dunkelheit zielsicher zuschlagen. Die Richtung des Schalles kann genau bestimmt werden, weil sich die Gehöröffnungen auf unterschiedlicher Höhe befinden. Geräusche kommen daher mit kleinsten Zeitunterschieden in den beiden Ohren an. Dadurch erkennt die Eule sehr genau, woher es gekommen ist.

Eulen haben unbewegliche Augen, was ihnen den typisch starren Eulenblick verleiht. Dafür ist der Kopf sehr beweglich: Sie können ihn um 180° neigen und um 270° drehen. Die Augen der meisten Eulen sind spezialisiert auf das Sehen bei Dämmerung und in der Nacht. Sie sind viel lichtempfindlicher als diejenigen des Menschen. Ein Waldkauz z. B. benötigt in der Dämmerung oder in der Nacht 5-mal weniger Licht, um gleich viel zu erkennen wie ein Mensch. In finsteren Nächten können aber auch Eulen nichts mehr sehen. Tagsüber, wenn sie schlafen, werden sie oft von Krähen und anderen Vögeln gestört, welche sie vertreiben wollen. Heutzutage sind für Eulen Stromleitungen, Seile von Schwebebahnen, Drahtzäune sehr gefährlich.

Falke

Überblick / Schnelligkeit / Zielsicherheit

So plötzlich wie der Falke nun bei dir auftaucht, so schnell kann er auch wieder verschwinden. Doch dazwischen will er dir zeigen, dass du stets offen und wachsam sein sollst. Beobachte bewusst, damit du Zeichen erkennen kannst. Der Falke ist der Botschafter des Schicksals. Er zeigt dir, wie du mit Energien locker, leicht und spielerisch umgehen kannst. Von deinem Tempo beim Erreichen eines Ziels, das du in einem ruhigen Moment ins Auge gefasst hast, können die meisten nur träumen. Du hast eine gute Beobachtungsgabe und Zielgenauigkeit. Der Falke will dir helfen, Verstrickungen deines Lebens mit einer besseren Übersicht zu betrachten und zu verändern, wenn du in deiner eigenen Geschichte fest hängst. Erwarte jedoch keine aussergewöhnlichen Ereignisse. Lerne all die kleinen Begebenheiten, welche sich bieten, auszuschöpfen und zu ergreifen. Dazu musst du dein Gedächtnis schulen.

Tagesbotschaft
Gewinne den Überblick!

Falken gehören zu den Greifvögeln und beinhalten Turm-, Baum-, Wander-, Rotfussfalke und den Merlin. Der Wanderfalke ist im Sturzflug mit über 300 km/h das schnellste Tier der Welt. Sie alle haben eine ausgezeichnete Beobachtungsgabe, schnelle und sichere Reaktionen. Der Falke ist ein Akrobat der Luft, pfeilschnell und ausgelassen beim Spielen in Windströmungen.
Der Turmfalke jagt Kleinsäuger, während die anderen Falkenarten kleinere Vögel, Fledermäuse, grosse Insekten wie Libellen, Käfer oder Hummeln bevorzugen. Er tötet nicht mit den Fängen sondern mit dem bezahnten breiten und kräftigen Schnabel. Ein Haken im Oberschnabel passt genau in den Unterschnabel. Als Ziel für das tödliche Zuschlagen mit dem Schnabel wählt er die Halswirbelsäule. So wird das Opfer schlagartig gelähmt und betäubt.
Der Wanderfalke nistet nicht nur in Bäumen, sondern auch in Felswänden oder Ruinen. Er kann sich jedoch keinen eigenen Horst bauen.
Dem Revier halten die Falken genauso die Treue wie ihrem Partner. Das Weibchen wird während der 4 Wochen Brutzeit vom Männchen gefüttert und kurzzeitig abgelöst. Die Jungen haben zuerst ein weiches weisses Daunenkleid. Nach rund

5 Wochen sind sie flugfähig. Dann erhalten sie einen regelrechten Jagdunterricht von den Alten. Sie müssen lernen, das Futter im Flug in allen erdenklichen Lagen abzunehmen. Zum Beispiel lassen die Alten gefangene Insekten oder einen zappelnden Vogel fallen, den das Junge im Sturzflug auffangen muss.

Der Falke ist kein Ausbeuter. Er stellt sich und seine Fähigkeiten teils sogar dem Menschen für die Jagd zur Verfügung.

In manchen alten Kulturen war der Falke der Bote aus der jenseitigen Welt.

Fasan

Göttliche Energie

Der Fasan will dich an deine Wurzeln im Göttlichen erinnern.
Ist dir bewusst, dass dein Ursprung in Gott liegt? Halte inne und schwinge dich wieder auf die grosse, göttliche Energie ein. So kommst du auf jene Ebene, auf der jedes einzelne, individuelle Lebewesen mit allen andern Seinsformen verbunden ist. Mit dem Fasan sollen wir uns weniger an die traditionelle, anerzogene Religion erinnern, sondern viel mehr an die Herkunft aus Gott.
Wenn die urgöttliche Kraft durch dein Leben flutet, ist alles richtig, wie es ist.

Tagesbotschaft
Erde dich wieder, damit du nicht allzu sehr abhebst.

Der Fasan wurde von Asien wegen seiner Farbenpracht nach Europa gebracht, besiedelte allmählich weite Teile und wurde zum beliebten Jagdvogel, überlebt heute aber nur dank Fasanerien.
Er hat eine Vorliebe für Auenwälder, Schilf oder die Wassernähe von Kulturland in tiefen Lagen. Als sogenannter Standvogel wählt er sein Revier sorgfältig aus und bewohnt es sein Leben lang.
Typisch ist sein langer, spitzer Schwanz. Der Hahn trägt eine auffällige, rote Gesichtsmaske, einen teils nackten Hautlappen, hat ein kupferrotes mit schwarz gesprenkeltes Kleid und am Hals ein blau-grün schillerndes Band, welches sich je nach Alter verändert.
Die Fasan-Henne hat einen kurzen Schwanz und ist unscheinbar gemustert. Damit ist sie ein Meister in der Tarnung.
Der Hahn folgt mehreren Hennen und führt in der Balzzeit erbitterte Kämpfe. Er macht sich bemerkbar mit seinen rauen, krähenden, metallisch lauten Rufen.
Die Jungtiere werden am Boden ausgebrütet und fliegen bereits nach 14 Tagen - Nestflüchter. Es ist ein verhältnismässig grosses Gelege von 8 bis 12 Eiern. Für sie gibt es Insekten, während sich die ausgewachsenen Fasane von Samen, Früchten und Knospen ernähren.
Fasane sind Künstler der Tarnung. Werden sie jedoch trotzdem aufgescheucht, fliegen sie mit lautem Fluggeräusch auf. Bei einer genügenden Höhe kann ein

Fasan sogar gleiten.
Übernachtet wird auf einem Baum.
In China steht der Fasan für Licht, Wohlstand und Schönheit, in Japan für Schutz und Mutterliebe.
Im Mittelalter sollte sein Fleisch vor der Pest schützen.

Faultier

Gelassenheit / reduziertes Tempo

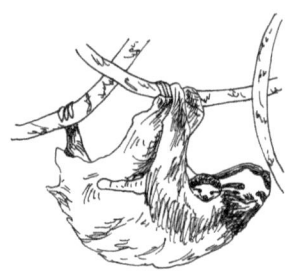

Hangelt das Faultier zu dir, bringt es dir Gelassenheit und reduziert dein Tempo auf Zeitlupe.

Lass dir Zeit für Entscheidungen und übereile nichts! Manchmal ist die bessere Strategie Zeit verstreichen zu lassen als sich in etwas hineinzustürzen. Es ist nicht nötig, dass du besonders vielseitig bist. Überlass dies lieber anderen. Dafür verfolgst du deine Kernaufgaben stetig und gewissenhaft.

Dein Umfeld darf von dir nicht zu viel Flexibilität erwarten, wenn du mit dem Faultier unterwegs bist. Nichts kann dich aus der Ruhe bringen und zu Eile antreiben lässt du dich schon gar nicht.

Du nimmst nicht viel Rücksicht auf die Familie, lässt deine Kinder schnell selbstständig werden, was beiden Seiten Freiheit gibt. Sie zu sehr zu bemuttern, hast du schon immer abgelehnt.

Tagesbotschaft
Vertiefe dein Wissen und tue dies langsam!

Die Heimat dieser besonderen Tiere ist Mittel- und Südamerika, von Peru bis Südbrasilien, in den Baumkronen der tropischen Regenwälder.

Bereits vor 40 Mio. Jahren gab es Tiere in ähnlicher Gestalt. Dummheit und süsses Nichtstun half ihm als Überlebenskunst. Das Faultier bewegt sich kaum und nur wie in Zeitlupe. Es schläft bis zu 20 Stunden am Ast baumelnd. Hierzu sind seine langen, hakenartigen Krallen hilfreich.

Um ihre Nahrung aufzunehmen, brauchen sie sich kaum zu bewegen, weil sie ihnen entgegen wächst. Es sind Blätter, Blüten und Früchte. Den Durst löscht es am Morgentau. In stockfinsterer Nacht kommen Faultiere heraus auf ihre Blätterweide. Ist diese erschöpft, fasten sie lieber bis zum Nachwachsen der Blätter als dass sie den Baum wechseln.

Sein Name ist jedoch vermenschlicht, zumal seine Art zu leben durchaus Sinn macht. Ihr nahezu regloses Verharren im dichten Blattwerk macht sie für Feinde nahezu unsichtbar. So können sie getarnt für bis zu 23 Jahre überleben.

Das Gehirn ist winzig und „Intelligenzfalten" fehlen fast gänzlich. Die Wirbelsäule ist sehr beweglich und ermöglicht dem Faultier einen Blick um 180 Grad.

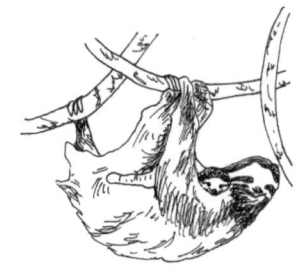

Durch das wenige Bewegen wird der Stoffwechsel sehr langsam. Das Blut fliesst sehr zähflüssig und allgemein sind die Lebensfunktionen deutlich reduziert. Die Körpertemperatur erreicht höchstens 33 Grad Celsius und sinkt nachts auf 24 Grad.

Das Faultier verlässt den Baum nur, um sein Klo nach ca. 10 Tagen unten am Boden aufzusuchen. Dort ist es sehr ungeschickt und langsam, kann jedoch erstaunlich gut und schnell schwimmen. Manchmal lässt es sich direkt vom Baum ins Wasser fallen.

Das Fell ist ideal für Motten, Käfer, Insekten und sogar Algen. Letztere geben dem Fell eine grünliche Färbung - eine perfekte Symbiose, die beiden Seiten hilft. So ist das Tier im Blattwerk kaum noch sichtbar. Dank einer Längsrille in der Haarstruktur halten die Algen optimal.

Das Junge klammert sich eisern an der Mutter fest, die beim Klettern keine Rücksicht auf ihr Kind nimmt.

Die meisten Faultiere sind in ihrem Lebensraum noch recht häufig. Einzig das Kragenfaultier gilt als ernsthaft bedroht. In Brasilien ist es inzwischen gesetzlich geschützt. Da Faultiere aber auf die tropischen Regenwälder als Lebensraum angewiesen sind, werden sie durch die Abholzung der Wälder in ihrer Existenz bedroht.

Fledermaus

Möglichkeiten / sich dem Schatten stellen / Übergang / Sensitivität

Stelle dich mit Hilfe der Fledermaus den Schatten und Ängsten deines Innern und deiner Vergangenheit. Taucht die Fledermaus für kurze Momente phantom-artig bei dir auf, zeigt sie dir an, dass du am Übergang zu einer neuen Phase stehst. Sie erinnert dich, dass du alles werden kannst.

Doch alles hat seine Zeit. Niederlagen sind Erfahrungen und bringen dich weiter. Einst kroch sie am Boden, jetzt fliegt die Fledermaus, d.h. man kann alles werden! Du bist nun besonders empfänglich für Schwingungen jeder Art.

Achte auf deine Träume. Vielleicht bergen sie Botschaften von Verstorbenen oder aus deinem tiefsten Innern.

Ruhezeiten hältst du gut ein und kannst dich dadurch immer wieder von gemachten Strapazen erholen.

Du bist lieber allein erziehende Mutter als mit einem Mann zusammen. Eher suchst du die Hilfe bei Freundinnen. Vergiss aber nicht, dass die männlichen Anteile ebenfalls wichtig und notwendig sind.

Tagesbotschaft
Bist du bereit Kritik zu hören, anzunehmen und etwas draus zu machen?

Weltweit gibt es rund 1000 Arten Fledermäuse, in Europa jedoch nur 35, die zudem bedroht sind.

Unter den Säugetieren ist die Fledermaus das Tier mit den meisten und bewundernswertesten Fähigkeiten. Sie ist als einziges Säugetier zu aktivem Flug fähig. Dazu verfügt sie über eine dünne Haut, die sich vom Hals über die Körperseiten, dem Schwanz und der Hinterbeine, bis zu den Fingerspitzen erstreckt.

Mit der Ultraschall-Echopeilung hat die Fledermaus ein einzigartiges Orientierungsverhalten entwickelt. Das Echo ihrer hohen, kurzen Peillaute (30'000 bis 50'000 Schwingungen pro Sek.) gibt ihr ein perfektes Schallbild ihrer Umgebung ab.

Die Weibchen bringen jährlich üblicherweise ein Junges (nackt, blind und Nesthocker) zur Welt, das sie unter Ausschluss der Männchen in einem Verband weiterer Weibchen aufziehen.

     www.ergo-beruehren-begreifen.ch

Sowohl im Winter als auch beim Tagesschlaf sinkt die Körpertemperatur stark ab, und so spart die Fledermaus Energie.
Zwischen Sommeraufenthalt und Winterquartier legen manche Federmäuse 100 km Distanz zurück.

Fisch

Wendigkeit / innere Harmonie / All-Einheit / Sehnsucht

Ist der Fisch deinem Wesen nah, sehen nicht alle, was in dir steckt.
Du fühlst dich höheren Ebenen verbunden, spürst Engelsenergien und suchst die All-Einheit. Musik soll dich nun begleiten wenn deine Gedanken und Ideen fliessen. Dabei kannst du dich in ihnen treiben lassen, ein Flow.
Vergiss aber nicht, sie umzusetzen. Lass dich auch nicht täuschen oder ausnutzen. Bist du doch sehr hilfsbereit. Wird eine Situation brenzlig, entgleitest du gerne deinem Umfeld und wirst unnahbar. Such nun Wege, dieses Muster zu durchbrechen. Viele tiefe Wesenszüge bleiben im Verborgenen, oft zeigt sich grosse Verschlossenheit. Der ausgeprägte Sinn für Gerechtigkeit ist verbunden mit Wohlwollen und Gutmütigkeit und selbst unvereinbare Gegensätze können Fische verbinden, verstehen und glätten.
Zuweilen sind Fisch-Menschen aber auch zu weitherzig mit ihrem Sinn für Gerechtigkeit und werden lasch, haben Verständnis für alle und jeden, wobei sie dann auch für sich Verständnis haben, wenn sie wenig für ihr Glück tun und sich treiben lassen.
Scheinbar gefühllos bewegst du dich im Schwarm und lässt dir dein Innenleben nicht ansehen. So wirst du oft als gefühlskalt verurteilt, ohne dass man dich genauer kennt. Lote dein Leben aus und finde deine innere Harmonie. So kann Heilung von innen geschehen.

Tagesbotschaft
Wo macht es heute Sinn, unnahbar zu sein, und wo möchtest du zeigen, dass du dich nahe fühlst?

Fische gibt es in jeder Grösse und Ausprägung. Doch ist ihr Zuhause immer das Wasser, sei es salzig oder süss. Diese Wirbeltiere atmen mit Kiemen und müssen deshalb nicht an die Oberfläche tauchen. Sie sind dadurch aber sehr anfällig auf Wasserverschmutzungen, die sich unmittelbar auswirken.
Kiemen sind dünne, stark durchblutete und daher intensiv rot gefärbte Hautblätter. An ihnen strömt das in die Mundöffnung eingeflossene Wasser vorbei und durch die Kiemenspalten wieder heraus. An den Kiemenblättern erfolgt der Gasaustausch, d.h. das Blut nimmt Sauerstoff auf und gibt Kohlendioxid ab.

Ihre Gliedmassen haben Fische in Form von Flossen und ihre Oberfläche ist meist von Schuppen bedeckt. Durch reichliche Schleimabsonderung wird die Oberhaut schlüpfrig.

Selten bewegen sich Fische im Wasser durch eine einzige Antriebsart fort. Meistens handelt es sich um Mischformen, die sich im Wesentlichen aus 3 Fortbewegungsweisen zusammensetzen: Schlängelnde Bewegungen des ganzen Körpers, Bewegung einzelner Flossen oder Rückstossbewegungen durch das Hinaus-stossen von Atemwasser an den seitlichen Kiemen.

Das Seitenlinienorgan, ein spezielles Sinnesorgan bei Fischen und Amphibien, zeigt in trübem Wasser oder bei Dunkelheit Hindernisse an. Das können auch Feinde, Beutetiere oder Artgenossen sein.

Die Schwimmblase des Fisches ist eine Ausstülpung des Darmes, die den Druckausgleich regelt, wenn der Fisch in höhere oder tiefere Wasserschichten wechselt. So schwebt er ohne Kraftaufwand in der jeweiligen „gewünschten" Tiefe.

Bei den Clownfischen kann das Geschlecht gewechselt werden. Die grösseren Fische sind immer die Weibchen. Wenn das kleinere Männchen wächst, verwandelt es sich ins Weibchen.

Bei den antiken Griechen werden die Liebesgöttin Aphrodite und ihr Sohn Eros als Fische dargestellt, weil sie auf der Flucht vor dem Ungeheuer Typhon in den Fluss sprangen und sich in Fische verwandelten.

Die Fische gehören zu den 48 Sternbildern der antiken griechischen Astronomie, die bereits von Ptolemäus beschrieben wurden. Das Sternbild war Namensgeber für das Tierkreiszeichen „Fische" der Astrologie, welches seine Gültigkeit für Menschen hat, die in den Monaten Februar/März geboren wurden. Diese sind bekannt für ihre Wankelmütigkeit.

Fisch ist das Zeichen der allgemeinen Menschenliebe, der Hingabe und der liebevollen Zuwendung für andere, das bis hin zur Aufgabe der eigenen Persönlichkeit gehen kann.

Das Zeichen steht für das Aufgehen des Einzelnen im Ganzen, er erkennt den Zusammenhang von All-Einheit und All-Ein-Sein mit einer gewissen Sehnsucht.

Inspiration und Eingebung ist dem Fischmenschen eigen.

Fische lieben Musik und sphärische Klänge, einige wünschen sich Erleuchtung und Inspiration, glauben an Feen und Engel, fast alle aber sehnen sich nach seelischem Glück.

Sie hegen Vorstellungswelten und imaginäre Gebilde, die beim Zugreifen in nichts zerfliessen. So unterliegen sie auch oft Täuschungen und Fälschungen.

Fischotter

Spiel / Neugierde / Erfindergeist

Du legst Wert auf dein Äusseres und qualitativ hochwertige Kleidung. Diese pflegst du gut. Du hast ein heiteres Gemüt und bist ein Überlebenskünstler. Der Otter bringt dir kreative Ideen, Lebensfreude und hilft dir, Misserfolge nicht zu ernst zu nehmen, sondern stattdessen Neues zu probieren. Teilweise wirkst du taktlos. Überdenke, ob dies zutrifft. Erkenne, was im Moment wichtig ist.
Als hervorragender Schwimmer bringt dir der Fischotter das Wasser-Element näher. Tauche ein und lass dich von deinen Gefühlen tragen.

Tagesbotschaft
Sei neugierig und spüre die pure Lebensfreude.

Der Fischotter gehört zur Familie der Marder. Er lebt an Land und im Wasser, hat kurze Beine und eine runde Schnauze. Daran hat er lange Tasthaare, welche ein wichtiges Sinnesorgan im trüben Wasser darstellen. Die Zehen sind mit Schwimmhäuten verbunden.
Als auf Fischfang spezialisierter Beutegreifer ist der Fischotter ein hervorragender Schwimmer und Taucher bei Nacht. Fischotter verzehren neben Fischen auch Wasservögel, kleine Nager, Krebstiere, Schlangen und Frösche. Weil sie vor allem langsame oder geschwächte Tiere erbeuten, kommt ihm ein wichtiger Teil zur Gesunderhaltung der Arten zu. Er muss pro Tag 3 bis 5 Stunden jagen, um seinen Bedarf abzudecken. Ansonsten schläft er, spielt oder sonnt sich.
Man hat beobachtet, dass der Fischotter mit einem Stein die Schalentiere knackt, also eine Form Werkzeug benutzt.
Die Ohren der Otter sind klein und rund und werden ebenso wie die Nasenlöcher unter Wasser verschlossen. Besonders hervorzuheben ist auch ihr dichtes, braunes Fell, welches sie vor Kälte und Feuchtigkeit schützt. Das Fell hat rund 50'000 Haare pro Quadratzentimeter, vergleichbar mit dem Biberfell. Beim Menschen sind es nur etwa 120 Haare. Sie sind wie bei einem Reissverschluss durch mikroskopisch kleine, ineinander greifende Keile und Rillen miteinander verzahnt und machen dadurch eine perfekte Isolationsschicht. Die Haut bleibt somit trocken. Der Haarwechsel beim Fischotter vollzieht sich nur sehr langsam. Etwa zehn Prozent seiner

     www.ergo-beruehren-begreifen.ch

Wachzeit verbringt das Tier damit, sein Fell zu pflegen.
Sein bevorzugter Lebensraum sind flache Flüsse mit über-
schwemmten Ufern. Dort braucht der genügend Versteck-
möglichkeiten und klares Wasser mit einem grossen
Fischbestand. Um möglichst gut überleben zu können,
passen sie jedoch ihre Lebensweise den Umständen an.
Der Fischotter gräbt am Ufer einen Bau 50 cm unter der
Wasseroberfläche mit trockener Kammer über dem Über-
schwemmungspegel. Mit einem Luftschacht ist er mit der Aussenwelt verbunden.
Die Paarung findet an Land statt. Mit zwei Jahren sind die Otter bereits geschlechts-
reif. Die Jungen kommen blind zur Welt und krabbeln nach zwei Wochen langsam
in der Höhle umher, die Augen öffnen sie frühestens an ihrem 31. Lebenstag.
Zu seinen natürlichen Feinden zählt man den Wolf, Luchs, Seeadler und wild streu-
nende Hunde. Der gefährlichste Feind ist jedoch der Mensch.
Im indianischen Medizinrad steht der Otter für Erfindungsreichtum, Familienbande,
Harmonie und Unschuld. Hierzulande hatte der Fischotter lange einen schlechten
Ruf. Man sagte ihm nach, er würde Lämmer töten und Jagdhunde unter Wasser
ziehen, damit sie ertrinken.
Im Mittelalter war die Jagd auf ihn sehr populär.
Ende des 19. Jh. förderte man in der Schweiz sogar mittels Prämien auf erlegte
Otter diesen Trend, weil man Interesse an den Fellen hatte.
Als Wappentier taucht der Otter in den Gemeinden Gossau ZH und Männedorf
ZH auf.

Fischreiher / Graureiher

Innere Mitte / Ruhe / Geduld / Warten

Elegant schreitet der Fischreiher durchs knietiefe Wasser auf dich zu und hält seinen Kopf stolz gestreckt, wenn er dir begegnet.

Sein unauffällig graues Kleid soll dir zeigen, dass du Eleganz und Klasse mit Schlichtheit tragen kannst und für deinen persönlichen Stil nichts Schrilles brauchst. Sowohl in der Luft als auch am Boden und im Wasser findet sich der Fischreiher zurecht und erinnert dich an deine Verbundenheit mit den Elementen.

Finde nun deine Mitte und tue nichts aus der Hast heraus. Es wird dir nichts gelingen, wenn du dich stressen lässt. Wenn du jedoch handelst, so tue dies entschlossen wie der Fischreiher, wenn er seine Beute packt. Geduld und Gelassenheit fällt dir jetzt mit dem Reiher viel leichter. Wie er sollst nun auch du in deiner Mitte ruhen und dir selbst genügen. Bedenke aber auch, dass du selber deines Schicksals Schmied bist und du dir bewusst werden musst, worauf du wartest. Übernimm deshalb die Verantwortung für deine Gefühle und Gedanken.

Hinter der scheinbaren Arroganz bist du scheu und meidest laute, hektische Massen. Der Reiher will dir also Ruhe bringen.

Tagesbotschaft
Übe dich in Geduld und du wirst gesättigt sein mit Eindrücken und Erlebnissen!

Der umgangssprachlich genannte Fischreiher gehört zu den Graureihern. Er ist in Eurasien die meist verbreitete Reiherart. Mit einer Gesamtlänge von 90 bis 98 cm erreicht er ein Gewicht von ein bis zwei Kilogramm. Sein Hals ist grazil, biegsam und unverwechselbar. Er besitzt Puderfedern an der Brust und in den Leisten, an denen er gelegentlich seinen Kopf reibt und die Federn dadurch zerbröselt. Das entstehende Pulver ist sehr fetthaltig und wird über den Körper verteilt, um ihn vor Nässe zu schützen. Die Puderdunen wachsen ständig nach und fallen auch nicht während des Mausers aus.

Der Fischreiher fliegt mit langsamen Flügelschlägen und bis auf die Schultern einge-zogenem Kopf. Die lang gestreckten Beine hat er als Verlängerung des Körpers und nutzt sie als Ruder im Flug. Auf Nahrungssuche legt er schon mal 2 km zurück. Dabei kommt er in einen leicht wiegenden Rhythmus. Der Graureiher benötigt für

seinen Lebensraum die Nähe zu Flachwasserzonen, stellt
jedoch geringe Ansprüche. Er nutzt sehr häufig Gewässer,
die vom Menschen geschaffen wurden.

Dazu zählen Staugewässer, Reisfelder und Fischteiche.
Beim schnellen Gehen ist eine balancierende Hals-bewe-
gung zu beobachten.
Während der Nahrungs-suche schreitet der Fischreiher in
der Regel langsam mit vorgestrecktem Hals. Er jagt normalerweise alleine, sticht blitzschnell nach kleineren Fischen, Fröschen, Molchen,
Schlangen und Wasserinsekten. Auf Wiesen wartet er stocksteif stehend auf Feld-
mäuse und verzehrt gelegentlich auch Eier und Jungvögel.
Die Paare leben monogam. Gemeinsam wehren die Fischreiher die Krähen ab,
die sich für die unbewachten Eier interessieren. Als Ruhe- und Nistbäume nutzt der
Grau- oder Fischreiher hohe Bäume, die möglichst weitgehend frei von Störungen
sind. Das Nest ist ein grosser, nicht sehr stabiler Bau aus Reisig. Beide Elternvögel
sind am Nestbau beteiligt, kümmern sich aufmerksam um die Jungen und lassen
sie nie allein. Ist noch ein altes Nest vorhanden wird es meist noch einmal besie-
delt. Dem Reiher eigen ist seine ausgesprochene Konzentration auf sich und das
Wesentliche, auch bei der Aufzucht.
Der Fischreiher musste unter Schutz gestellt werden, denn er wurde gejagt, da er
Fischbestände schmälerte und wegen der Schäden an künstlichen Gewässern.
Inzwischen hat sich der Bestand wieder weitgehend erholt. Der älteste beringte
Graureiher wurde 35 Jahre alt.
Der Seidenreiher, welcher zur Brutzeit bezaubernden Federschmuck an Kopf, Hals
und Brust bildet, wurde Ende 19.Jh. fast ausgerottet, weil die Damen der Gesell-
schaft es liebten, sich mit seinen Federn zu schmücken.
Von der amerikanischen Urbevölkerung wurde der Reiher „heiliger Geist des
Speeres" bezeichnet und als Glückssymbol angesehen. Er verspricht grosse Beute
und war zum Teil Stammestotem.
Japanische Aquarelle und Hieroglyphen aus dem alten Ägypten zeigen Fischreiher
als mystischen Phönix, der aus der Asche steigt.
In Griechenland war er der Bote von Athene und Aphrodite.
In der germanischen Mythologie waren Reiher, Kraniche und Störche Begleiter
von Holda, der sommerlichen Gestalt der „Frau Holle", der Hüterin der Schwelle
zwischen Leben und Tod.

Fliege

Hygiene / Vergänglichkeit

Die Fliege erinnert uns daran, dass unser Leben kurz ist wie ihres. Auch wenn wir schon viel davon im Dreck verbracht haben und im Irdisch-Materiellen nach dem Sinn unseres Lebens gesucht haben, ist es nie zu spät, uns in luftige Höhen zu erheben und dem Licht entgegen zu streben.

Nutze deine Zeit! Finde deinen Wach-/Schlaf-Rhythmus und erforsche das vermeintlich Schmutzige in deinem Leben. Liegen darin noch verborgene Schätze? Was davon kannst du sinnvoll weiter verwenden oder abwandeln? Lass dich nicht von Gestank abhalten, sondern stelle dich diesen dunklen Seiten. Jetzt mit der Fliege ist es Zeit, Licht in einige Angelegenheiten zu bringen. Reinige dich und dein Umfeld gründlich, doch übertreibe es nicht mit einem Hygienefimmel.

Deine gesellige Seite kann für andere auch lästig werden. Sei feinfühlig und nimm dies wahr oder sprich dein Gegenüber direkt an, um zu wissen, ob du erwünscht bist.

Tagesbotschaft

Was ist dir heute lästig? Ist es ein Spiegel deiner selbst? Wenn ja, versuche bei dir Veränderung einzuleiten.

Die Fliege wirkt auf uns oft nervös, surrt und ist lästig durch ihre grosse Population. Obwohl sie vom Menschen unerbittlich verfolgt wird, lässt sie sich nicht dezimieren. Das Geheimnis ist ihre unglaubliche Fruchtbarkeit. Manche geflügelte Eintagsfliegen leben nur wenige Stunden, gerade so lange, um sich zu paaren und Eier zu legen. Ans Essen wird dabei gar nicht gedacht. Eintagsfliegen haben verkümmerte Mundteile und sind zum Fasten verurteilt. Aus den Eiern der Eintagsfliegen schlüpfen Larven. Diese leben aber viel länger als nur einen Tag, meistens ein, manchmal sogar mehrere Jahre. Sie leben im Wasser und fressen dort feinste Teilchen. So gesehen sind sie nicht kurzlebig.

Andere Fliegen leben 2 bis 3 Monate, wobei die Weibchen ca. 2000 Eier legen. Bereits nach weniger als 12 Stunden gehen die Eier ins Larvenstadium über und innerhalb der darauffolgenden Woche schlüpfen erwachsene Fliegen, welche wiederum geschlechtsreif sind. So kann theoretisch eine Fliege Ausgangspunkt für 4'000 Trillionen Nachkommen in 5 Monaten sein.

Fliegen sind sehr gesellig. Sie suchen sowohl den Kontakt mit ihresgleichen als auch mit anderen Tieren oder dem Menschen. Letzterem werden sie damit oft lästig.

Fliegen haben einen klaren Rhythmus: Ist es Zeit aufzustehen, kommt die Fliege immer lästiger auf Hautpartien und lässt sich kaum vertreiben. Dasselbe am Abend, wenn es Schlafenszeit ist.

Die Fliege ist ein wichtiger Bestandteil in der Nahrungskette und wird von allen insektenfressenden Tieren gefressen.

Ihr Rüssel wirkt wie ein Staubsauger. Damit frisst sie Reste, welche so wieder in den Lebenskreislauf eingehen. Die Fliege ist oft für das Übertragen von Krankheiten verantwortlich, obwohl sie sich selber fleissig putzt.

Frosch

Wandel / grosse Sprünge / Veränderung

Veränderung steht an, die deiner Entwicklung dienlich ist. Nun solltest du den Sprung ins Ungewisse wagen. Es ist Zeit, deine Gefühlswelt zu reinigen, Probleme aufzuarbeiten, um Momente mit deinen Mitmenschen unbelastet zu erleben. So werden grosse Sprünge möglich. Nutze seine Heilkraft.
Menschen mit dem Frosch an der Seite vereinen ihre Emotionen mit einem klaren Realitätssinn. Sie sind gut im Geld anlegen und investieren. Froschmenschen halten viel von alternativen Heilmethoden. Manchmal sind sie zögerlich, Probleme anzugehen, und reden erst endlos darüber.

Tagesbotschaft
Widme dich heute deinen finanziellen Angelegenheiten und verschaffe dir Überblick.

Der Frosch repräsentiert die Evolution der Wasserlebewesen. Vom Froschlaich gibt es schnell wachsende Kaulquappen. Danach gehen sie ins Stadium der Amphibienlarven über, bilden kräftige Hinterbeine, bis sie später auch Vorderbeine bekommen und schliesslich als richtiger Frosch ohne Schwanz an Land gehen. Geatmet wird dann nicht mehr mit Kiemen, sondern durch die Lunge. Die Haut hat dank Pigmentzellen ganz unterschiedliche Färbungen: von grün, braun, orange, gelb, schwarz bis hin zu neongiftiger Farbe. Die immer feuchte Haut reagiert stark auf Umwelteinflüsse. Das giftige Sekret der Pfeilgiftfrösche wurde bei indianischen Ritualen verwendet. Manchmal erinnert uns sein grosses, fast lachendes Maul an eine Karikatur. Seine kräftigen Hinterbeine lassen ihn grosse Sprünge machen. Der Laubfrosch kann mit seinen Haftscheiben an den Zehen auch glatte, senkrechte Flächen besteigen und ist die einzige heimische, kletternde Lurchart.
Frösche fressen Insekten, welche sie mit ihrer klebrigen, schnellenden Zunge fangen. Giftfrösche verzehren auch Ameisen und verwandeln deren Gift in ein Sekret, das sie über die Haut ausscheiden.
Männchen haben Schallblasen als hervorragende Resonanzkörper für quakende Sinfonien für die Weibchen. Dieses legt ca. 3'000 Eier als Laich ins Wasser und überlässt es dann sich selbst.
Der Frosch gehört sowohl zum Element Wasser als auch Erde. In vielen Mytho-

logien aller Kulturen fand er einen Platz im Bezug auf seine Verwandlung, zum Beispiel im Märchen vom Froschkönig.

In China platzieren sie eine Froschstatue mit einer Münze im Mund an der Haustüre, um Reichtum und Glück einzuladen.

Im alten Ägypten gab es Heket, die Göttin der Fruchtbarkeit und der Hebammen, welche mit Froschkopf dargestellt wurde. Noch heute ist der Frosch das Zunftzeichen der Hebammen.

Bei den Kelten galt der Wandel des Frosches als Entwicklungsstadien des Menschen mit Jugend, Erwachsensein und Alter. Er war ein starkes Zaubertier für Heiler und Seher. Der Frosch gilt als positives Zeichen für Veränderung zum Erfolg.

Fuchs

Lebenskünstler / Schnelligkeit im Denken und Handeln

Mit dem Fuchs als klugem, wachsamem Seelenführer an deiner Seite bist du ein Lebenskünstler und gehst eigenwillige Wege.

Der Fuchs ist ein Grenzgänger für andere Ebenen und fordert dich auf, diese zu entdecken. Nun kannst du schnell Schwachstellen in deinem Umfeld erkennen, denn du hast ein gutes Gespür für Falschheit.

Du weisst zusammen mit dem Fuchs die sonnigen Momente im Leben zu geniessen. Nutze deine gute Beobachtungsgabe in Kombination mit schnellem Handeln. So wird dir mit der Schlauheit und Listigkeit des Fuchses Wohlstand zuteil.

Tagesbotschaft

Entdecke deine Feinschmeckerseite vor allem bei Desserts. Reichere deine Nahrung mit vitaminreichen Beeren an und geniesse ihre Süsse.

Der Fuchs kommt praktisch überall vor (Wälder, Halbwüsten, Küste, Hochgebirge). Er ist nah mit dem Hund und dem Wolf verwandt, hat aber einen viel dickeren, buschigen und sehr langen Schwanz.

Er isst vor allem Mäuse, Kleinvögel, Hasen, sogar Regenwürmer, Schnecken, Insekten, Frösche, Schlangen und Ameisenpuppen. Im Herbst bereichert er seinen Speiseplan mit Beeren und Obst. Da der Fuchs auch Süsses schmecken kann, mag er dies.

Der Fuchs schleicht sich meisterhaft an, um dann blitzschnell zuzuschlagen. Er ist vor allem nachts und in der Dämmerung unterwegs. Den Tag verbringt er schlafend in seinem Bau. Den Zugang dazu wählt er so, dass der Eingang direkt von der Sonne beschienen wird. Der Fuchs ist standorttreu, sehr anpassungsfähig, klug und kreativ. Er ist schlau, listig und hat eine gute Beobachtungsgabe. Seine Schnelligkeit im Denken und Handeln hat ihn befähigt, dicht neben dem Menschen zu leben, so dass er sich inzwischen auch in Städten ansiedeln konnte.

Der Fuchs lebt als Einzelgänger oder in einer Dauerehe.

Seine Feinde sind der Adler, Luchs oder Wolf. Füchse stellen sich gerne tot, um ihre Beute anzulocken. Der Fuchs schleppt diese dann in seinen Fuchsbau, den er teils mit einem Dachs teilt. Füchse kümmern sich liebevoll um ihre Jungen.

In Japan gilt die weisse Fuchsgöttin Inri als Schutzgeist für Wohlstand und Reisanbau.
Bei schamanischen Reisen ist der Fuchs ein machtvoller Begleiter. Er spürt verlorene Seelenanteile auf und kann helfen, Kontakt zu den Ahnen herzustellen.

Gans

Treue / auf Wurzeln besinnen / Familiensinn / Soziales

Schnattert die Gans in dein Leben, erinnert sie dich an deine häusliche Seite. Nun ist es Zeit dein Zuhause gemütlich einzurichten, Freunde einzuladen und für deine Lieben da zu sein. Du bist sehr treu, verlässlich und liebevoll. Vielleicht übernimmst du eine Aufgabe Kinder zu unterrichten. Dein Beschützerinstinkt ist stark. Du kannst gut bewachen und mit deinem lauten Geschnatter Eindringlinge vertreiben oder abschrecken. Schenke aber nicht jedem Gerücht Glauben und wäge ab, wie stark du selber tratschen willst über andere. Nutze dein altes Heilwissen, um deine Liebsten mit Heilkräutern und anderem zu kurieren.
Braucht im Moment jemand aus deinem Umfeld besondere Zuwendung? Dann nimm dir Zeit und höre genau zu.

Tagesbotschaft
Geniesse heute dein Zuhause und widme ihm Zeit um es angenehm darin zu haben.

Die Gans gehört zu den Entenvögeln und ist im weitesten Sinne mit dem Schwan verwandt. Sie hat sich im Sprachgebrauch, bei Pflanzennennungen oder im Märchen einen Platz geschaffen.
Die weisse Hausgans wurde aus der wilden Graugans domestiziert. Während Hausgänse meist nur wenige Monate alt werden, leben Wildgänse 17 bis 35 Jahre.
Wildgänse ziehen im Herbst in grosser Höhe zum Mittelmeer und fliegen dabei in Ketten oder Keilen. Dies verringert den Luftwiderstand. Die Spitze wird immer wieder abgelöst, weil diese Position sehr ermüdend ist. Wildgänse sind sehr gute Flieger. Zum Ruhen sind sie in geschützten Familienbanden auf dem Gewässer, während sie auf umliegenden Flächen grasen gehen.
Sie ernähren sich nur von Pflanzen. Selber sind sie für den Menschen Lieferant von Fleisch und Daunen.
Sowohl Männchen, als auch Weibchen sind bei den Gänsen gleich gefärbt. Sie gehen zusammen eine lebenslange, eheähnliche Bindung ein. Stirbt ein Partner, so bleibt der andere meist allein und trauert lange. Auch über zerstörte Eier haben sie

beträchtlichen Kummer. Ein Küken bleibt dem ersten Wesen, dem es nach dem Schlüpfen begegnet, lebenslang treu. Gänse sind sehr gesellig, sozial, fürsorglich und liebevoll. Wird eine Graugans im Flug abgeschossen, bleiben einige der anderen zurück, um zu helfen. Ihr Zugehörigkeitsgefühl und ihre Wachsamkeit sind sehr ausgeprägt. So kündigen sie Eindringlinge lautstark an, zischen diesen an oder vertreiben ihn wenn nötig. Sie sind gute Wächter.

Die Gans symbolisiert das Weibliche und Mütterliche – zuweilen auch den weiblichen Klatsch und Tratsch. "Junge Mädchen schnattern wie die Gänse."

Im Märchen vertritt die Gans die wahre Prinzessin. Bei den Griechen begleitet sie Hera und Aphrodite. Der ägyptische Erdgott Geb trägt auf einzelnen Abbildungen eine Gans. In allen Kulturen ist ihr „goldenes" Ei der Muttergöttin zugeordnet.

In vielen Ländern lernen Kinder mit Gänsereimen das Alphabet und viel anderes. Die Gans steht für das Häusliche, Behagliche und Gesellige. Sie sorgt für wohliges Herdfeuer, warmes Bett und gemütliche Atmosphäre.

Dank ihrer zugespitzten Feder wurden über Jahrhunderte grosse Werke auf Pergament und später auf Papier festgehalten.

Geier

Grenzen überschreiten / Altes loslassen

Menschen mit dem Geier als Krafttier sind oft Grenzgänger und setzen sich bewusst mit Werden und Sterben auseinander. Sie wirken daher ernsthaft und tiefgründig. Man will den Dingen auf den Grund gehen, den Kern von Mysterien verstehen und schätzt den Intellekt.

Kreist der Geier über deinem Leben und landet bei dir, will er dir zeigen, dass es Dinge in deinem Leben gibt, die bereinigt werden sollen und sterben dürfen. Das können alte Wunden sein, blockierende Verhaltensmuster, unglückliche Beziehungen oder Altes aus dem mitgebrachten Karma.

Altes muss Platz für neue Lebendigkeit machen. Vielleicht sollte nun auch die Ernährung umgestellt werden. Achte auf eine gute Verdauung, sowohl körperlich wie seelisch.

Tagesbotschaft
Gib dich dem Loslassen und der Trauer hin, um Raum zu bekommen für das neu zu Erschaffende.

Geier erzeugen durch ihr kahlköpfiges Aussehen mit Hakenschnabel und der Tatsache, dass sie Aasfresser sind, oft ein negatives Image in uns, da sie uns an unsere eigene Vergänglichkeit erinnern, welche wir gerne verdrängen. Allerdings sind die Geier hilfreiche Verwerter und räumen das letzte Leblose weg, um es in den endlosen Kreis des Lebens einzufügen. Hierzu verfügt der Geier über ein einzigartiges Verdauungssystem, das dank Chemikalien die Viren und Bakterien vom Aas abtöten kann. Mit einem scharfen Geruchssinn kann der Geier über Kilometer Kadaver von grossen Säugetieren ausfindig machen. Die meisten reissen Muskelfleisch und Eingeweide heraus, während Bartgeier auf Knochen spezialisiert sind. Diese lassen sie in schnellem Flug an Felsen zerschellen, um sie beim Aufprall in Stücke zerbersten zu lassen.

Die Geier haben einen nackten Hals. Federn würden dort beim Wühlen in den Kadavern zu schmutzig.

Der Geier gehört zu den grössten Greifvögeln. Der europäische Gänsegeier hat eine Flügelspannweite von 3 Metern, der amerikanische Kondor sogar 4 Meter. Die meisten europäischen Geier leben auf der iberischen Halbinsel. Wegen den EU-Hygienevorschriften wurde ein drastischer Rückgang verzeichnet, denn alle toten Herdentiere werden sofort entsorgt. Eine Gegenmassnahme mit Futterstellen von toten Nutztieren ist ebenfalls schlecht, da diese mit Antibiotika verseucht sind und das Immunsystem der Geier schwächen.

In Teilen Tibets und bei den Jains - Anhänger der Gewaltlosigkeit und des Vegetarismus in Indien - ist es noch immer üblich, tote Körper den Geiern zu überlassen. Man legt sie hierfür auf einen hohen Turm oder einen einsamen Berg. Bei ihnen ist der Tod kein Tabu, sondern ein Bestandteil des Lebenszyklus.

In Ägypten galt der Geier als Symbol der Mutter Erde, aus dem Leben entsteht und wieder dorthin zurückkehrt. Maat, die ägyptische Göttin der Gerechtigkeit und Wahrheit, wird mit Geierfedern dargestellt.

Bei indianischen, schamanischen Reinigungs- und Erdritualen wird die Geiermedizin eingesetzt. Besonders altes Karma kann damit aufgearbeitet werden, verlorene Seelenanteile können wiedergefunden werden.

Gepard

Geschmeidigkeit / Wendigkeit

Kommt der Gepard in dein Leben geschlichen, lässt er dich deine athletischen, geschmeidigen Seiten entdecken.

Wenn du nicht sowieso schon gerne Sport machst, probiere aus, wie es ist, wenn du mehr Bewegung hast. Bewege dich viel in der Natur.

Allerdings ist es mit der Ausdauer nicht so weit her. Du willst schnelle Erfolge sehen, sonst gibst du resigniert wieder auf.

Schnell ist nun auch dein Denken und Handeln.

Nutze dies und setze es gezielt ein.

Tagesbotschaft
Vertraue auf den Gepard und reagiere rasch!

Ein typisches Merkmal für einen Gepard sind die schwarzen Tränenlinien neben seiner Nase.

Er kann wie die Hauskatze bei Zufriedenheit schnurren. Besonders hervorzuheben sind sein sanftmütiger, freundlicher Charakter und seine grosse Reinlichkeit.

Man findet ihn in Ost- und Nordafrika sowie in Asien, wobei er in Asien fast ausgerottet und in Afrika stark bedroht ist.

Er lebt bevorzugt in Savannen mit hohem Gras und Hügeln. Diese nutzt er sowohl zur Deckung als auch um die Übersicht zu bekommen und seine Beute gut beobachten zu können.

Dank seinen nicht einziehbaren Krallen bekommt die harte Gepardpfote eine Struktur wie bei einem Nagelschuh eines Fussballers mit ausserordentlicher Haftung.

Der Gepard ist zwar schnell - kann in nur 3 Sekunden auf 100 km/h beschleunigen - hat jedoch keine Ausdauer und ist nicht besonders stark. Nach vier Versuchen ist er so geschwächt, dass ein weiterer Angriff nicht mehr möglich ist. So ist das Anschleichen besonders wichtig.

Seine Jungen pflegt die Gepardin liebevoll und ist mit ihnen verschmust. Der Jagdunterricht erfolgt früh durch die Mutter.

Der Gepard war früher ein hoch geschätzter Jagdbegleiter von Königen und

Fürsten, in Deutschland deshalb auch „Jagd-leopard" genannt.
Der Grossmogul Akbar soll 3'000 Geparde für seine Antilopenjagd gehalten haben. Da sie sich in Gefangenschaft nicht vermehren, mussten immer neue gefangen werden.

Giraffe

persönliche Entwicklung / Anmut

Anmutig schreitet die Giraffe in dein Leben und nimmt Riesenschritte - sei auch du auf solche gefasst.

Deine persönliche Entwicklung wird aktuell starke Veränderungen durchleben und du kannst schnell voran kommen. Dies alles mit Anmut und Eleganz, so dass andere um dich herum nur staunen werden.

Vertraue auf die Ressourcen deines Körpers. Der Schöpfer hat alles perfekt eingerichtet. Du brauchst dich nicht zu sorgen. Nähre deinen Geist mit neuem Lernen, sei offen für Inputs und versuche dieses Wissen einzuverleiben.

Wenn du merkst, dass andere dich meiden, sprich sie an, ob es vielleicht an deiner Körperausdünstung liegen kann? Versuche das Machbare zu verändern und das Unveränderbare zu akzeptieren.

Tagesbotschaft

Nimm heute dank der Giraffe eine neue Perspektive ein und betrachte Probleme von einer ganz neuen Seite.

Die Giraffe aus der Familie der Paarhufer ist das höchste landlebende Säugetier und geht im Passgang wie das Kamel. Die Männchen werden bis zu 6 Metern hoch. Im aussergewöhnlich langen Hals sind gleichwohl wie bei anderen Säugetieren nur 7 Halswirbel. Der Hals wird in einem 55 Grad-Winkel gehalten. Wegen dem langen Hals muss das Herz besonders stark sein, um den benötigten Blutdruck zu erzeugen. Dieser ist im Schnitt dreimal höher als beim Menschen. Im Gegenzug gibt es in den Beinen einen besonders tiefen Druck, und es besteht die Gefahr von Ödemen. Dagegen hilft die dicke Wand der Arterien. Die enge Haut wirkt wie ein Kompressionsstrumpf. Besonders grosse Druckunterschiede entstehen im Kopf, wenn sich die Giraffe beispielsweise mit breit gespreizten Beinen fürs Trinken nach vorne beugen muss. In dieser Position ist sie sehr gefährdet, weshalb sie vorher genau abschätzt, ob Feinde in der Nähe sind. Damit das Blut dabei nicht zurück fliessen kann, hat die Giraffe in den grossen Halsvenen sogenannte Jugular-Venen-Klappen, welche sonst bei Säugern nicht vorkommen.

Die graublaue Zunge kann die Giraffe 50 cm herausstrecken. Damit können sie die Blätter von der bevorzugten Akazie abstreifen. Die Akazien können sich interessanterweise gegen Kahlfrass schützen indem sie den Bitterstoff Tannin ausscheiden oder Ameisen anlocken, die wiederum die Giraffe vertreiben. So muss diese ständig herumziehen. Jeden Tag nimmt sie ca. 30 kg Nahrung auf, die sie mit massiven Mahlzähnen schnell zerkaut und dann den 2,5 Meter langen Hals herunterrutschen lässt. Später wird alles

wieder hoch transportiert um nochmal durchkaut zu werden. So können wichtige Nährstoffe gelöst werden. Der Flüssigkeitsbedarf kann praktisch über die Nahrung gedeckt werden, so dass die Giraffe wochenlang ohne zu trinken auskommen kann.

Die Flecken des Fells sind zur Tarnung, aber auch zur Körperkühlung. Um jeden dunklen Fleck läuft in der Unterhaut eine Arterie kreisförmig.

Eine Art Fäkaliengeruch im Fell hemmt das Wachstum von Bakterien und Pilzen und schreckt sogar Zecken ab.

Giraffen haben zwei (bis vier) zapfenartige Hörner und teils auch eine ähnlich strukturierte Erhöhung zwischen den Augen. Sie verständigen sich mit Infraschall, extrem tiefen Tönen, einer für den Menschen nicht hörbaren Frequenz. Und dank dem langen Hals können sie über weite Distanzen sehen und kommunizieren.

Dank der langen Beine können sie eine Spitzengeschwindigkeit von 55 bis 60 km/h erreichen, jedoch nur auf festem Grund und im Galopp.

Giraffen schlafen stehend ca. 4,5 Stunden. Liegen sie länger als eine halbe Stunde, kollabiert ihr ausgeklügelter Kreislauf.

Giraffen leben eher einzelgängerisch oder in losen Gruppen. Trotzdem haben sie - entgegen bisheriger Annahmen – ein Sozialverhalten und Emotionen.

Bereits zur Zeit der Ägypter waren Giraffen selten. Sie hatten den Ruf von Orakelwesen, welche Mensch und Tier vor gefährlichen Raubtieren und Unwettern warnten. Dies ist ihnen dank dem langen Hals auch tatsächlich möglich.

Das Wort „Giraffe" stammt aus dem Arabischen „zarafa" und bedeutet „Liebliche". Die erste Giraffe in Europa liess Julius Cäsar 46 v. Chr. nach Rom bringen. Sie nannten das Tier „camelopardalis", weil sie sich sowohl an ein Kamel als auch einen Leoparden erinnert fühlten. Gelegentlich führten die Römer Tierschauen im Kolosseum durch und zeigten auch Giraffen. Trotzdem blieb das Tier in Europa eine Rarität und rief noch regelrechte Hysterie hervor.

Nach der Ankunft der weissen Siedler in Afrika begann die Jagd auf die Giraffe aus reinem Vergnügen. Grosswildjäger rühmten sich der grossen Zahl erschossener Giraffen und gefährdeten den Bestand

Hahn / Huhn

Ursprung / Bemutterung / Stolz

Fühlst du dich dem Huhn verbunden, entdeckst du, wie bequem weite Pluderhosen sind. Du bist wie eine Glucke, willst alle umsorgen und bemuttern. Das kommt nicht immer gut an. Überlege und überdenke, was du umsorgen und pflegen willst und wo du die Verantwortung abgeben kannst. Vielleicht ist es auch Zeit für Neues, um deine Schöpferkraft wirken zu lassen.
Ist es eher der aufgeplusterte Hahn, bist du stolz und zeigst dies auch. Manche empfinden dich deshalb als eingebildet und denken, dass hinter deinem Gehabe nicht viel steckt. Wie ist es in Wirklichkeit?
Sei ehrlich mit dir. Wo hast du allen Grund, stolz zu sein?

Tagesbotschaft
Wundere dich! Geh mit offenen Augen durch den heutigen Tag und sei neugierig!

Das Huhn zeichnet sich durch die kurzen, gestutzten Flügel aus, wodurch es nur kurze Strecken flatternd zurücklegen kann und ansonsten auf dem Boden lebt.
Es hat eine beachtliche Lauffähigkeit entwickelt, die es mit heftigem Flügelschlagen erhöhen kann.
Der Hahn trägt ein buntes Gefieder, ist grösser und macht ein lautes Kikeriki, während das Huhn gackert.
Hühner sind sozusagen den ganzen Tag scharrend auf Nahrungssuche nach Samen, Körner, Würmern, Raupen und Käfern. Sie nehmen Sandbäder gegen Ungeziefer. Wenn ihr Raum zu eng wird, werden Hühner aggressiv. Bekannt sind die Verhaltensstörungen bei Legebatterien wie Federpicken und Kannibalismus. Durch Hacken und Schlagen mit den Sporen legen sie ihre Rangordnung fest.
Hühner schlafen mit dem Kopf unter dem Flügel vorzugsweise auf einem Baum oder einer Stange. Sie haben einen deutlichen Tag-/Nacht-Rhythmus. Morgens kräht der Hahn und weckt alle.
Im Sommer legt ein Huhn fast täglich ein Ei in ein Sammelnest. Ob dies braun oder weiss ist, erkennt man an der Farbe des Fleckes auf Ohrenhöhe. Küken schlüpfen nach 21 Tagen aus dem befruchteten Ei. Eine Glucke führt bis zu 15 Küken und geniesst eine Vorrangstellung.

     www.ergo-beruehren-begreifen.ch

Das Ei ist bis heute ein Symbol der Fruchtbarkeit und Schöp-
ferkraft. Mit dem Osterfest sind Traditionen aus Asien in die
christliche Wertvorstellung übernommen worden, die Auferstehung nach dem Tod Christi am Kreuz, ein Neuanfang, eine
Wiedergeburt.

Der Hahn symbolisiert den Kampfesmut und die Zeugungs-
kraft. Er war das heilige Tier des griechischen Kriegsgottes Ares. In gewissen
Ländern werden immer noch Hahnenkämpfe organisiert (teils mit Messern als
künstlichen Sporen um den Gegner zu töten).

Fast auf allen Kontinenten war er früher ein Opfertier wie auch das Huhn.

Bei den reformierten Christen ziert der sogenannte Wetterhahn jeweils die Kirch-
turmspitze. Obwohl es diesen bereits viel früher – also noch bei den Katholiken
– gab. Der Hahn wurde schon immer wegen des feuerroten Kamms bewundert.
Weil er mit seinem frühen Krähen zwischen Tag und Nach unterscheidet, wurde
er zum Grenzwächter ins Jenseits (bei den Germanen) und im Christentum Symbol
der Überwindung des Todesschlafes. Er wurde zum Boten des wahren Lichts
(= Christus) und Symbol der Wachsamkeit, sowie des reumütigen Sünders.

Hai

Treue zu sich selbst / Furchtlosigkeit / wahres Wesen zeigen

siehe auch Fisch

Im Dunkeln und Kühlen fühlst du dich wohl, bist gerne nachtaktiv. Du hast immer wieder mit deinem Image zu kämpfen, und es ist schwierig, dein wahres Wesen nach aussen zu zeigen. Akzeptiere dies und versuche nicht mehr ein anderer zu sein, als du bist, nur um zu gefallen.
Lass die Leute in ihrem Irrglauben und verfolge deinen eigenen Weg mit Gewissheit und ohne Angst vor der Einsamkeit!
Vertraue dabei weniger den primären Sinnen, sondern deiner Intuition und dem Spüren von Energien. Zahnprobleme kennst du nicht, bzw. behindern dich in keinster Weise.

Tagesbotschaft
Fürchte dich nicht!

Haie sind Fische, welche man zu den Knorpelfischen zählt. Das Wort Hai kommt ursprünglich vom isländischen Wort „haki" (Haken, welcher an die hakenförmige Schwanzflosse erinnert) und wurde im Niederländischen auf „Haai" umgewandelt.
Obwohl Haie weltweit pro Jahr wenige Menschen töten, gelten sie gemeinhin als kaltblütige Killer. Dabei werden umgekehrt viel mehr Haie durch den Menschen getötet.
Haie können sich in ihrer Grösse stark unterscheiden. Der Grösste ist der 12 Tonnen schwere Walhai, welcher sich von Plankton und nicht von Fischen und Meerestieren wie die anderen Haie ernährt.
Alle Arten haben einen mehr oder weniger ausgeprägten spindelförmigen Körper. Zwischen den Augen und den Kiemenspalten liegt das Spritzloch, das der Aufnahme von Atemwasser dient. Die meisten Haie haben fünf Kiemenspalten, wenige Arten haben sechs. Dahinter setzen die Brustflossen an. Auf dem Rücken befindet sich die typischen Rückenflossen mit einem Dorn. Manchmal fehlt die zweite, kleinere Rückenflosse gänzlich. Auch am Bauch gibt es zwei weitere Flossen.
Die Zähne des Hais können in mehreren Reihen nachwachsen, bis zu 30'000 Zähne in einem Haileben. Beim Angriff auf Robben und Fische verlieren sie oft mehrere Zähne, die dann ersetzt werden. Sie sind nur durch die Haut fixiert und

deshalb eher flexibel befestigt. Ihre Form hängt von den Ernährungsgewohnheiten ab. Die Haischuppen sind so ausgerichtet, dass sich die Haut glatt anfühlt.

Die einzelnen Schuppen haben eine Rillenstruktur, welche den Oberflächenwiderstand stark verringert. Durch diese entstehen viele kleine Wasserwirbel und verringern so die seitlich gerichteten Kräfte beim schnellen Schwimmen. Inzwischen nutzt man diese Erkenntnisse zur Verbesserung von Schiffen, U-Booten, Flugzeugen oder bei Schwimmanzügen von Spitzensportlern.

Die meisten Haie sind vermutlich farbenblind. Da sich die Augen an der Seite befinden, kann fast in alle Richtungen beobachtet werden. Bei Angriffen schützen sie das Auge durch die so genannte Nickhaut, die sich wie ein schützendes Augenlid vor das Auge schiebt oder durch das Verdrehen des Auges. Dank einer Schicht mit winzigen spiegelähnlichen Kristallen im Auge reflektiert es das Licht auf der Netzhaut und erhöht das Sehen im Dämmerlicht.

Geruchsorgane liegen vorne seitlich an der Schnauze. Das Riechzentrum im Gehirn kann bis zu zwei Drittel der Gehirnmasse ausmachen. So können sie Blut in milliardenfacher Verdünnung ausmachen. Beute kann er aus über 75 Metern Entfernung wahrnehmen. Durch ständiges, pendelndes Kopfbewegen folgt er der Geruchsspur bis ans Ziel. Selbst ein blinder Hai findet so seine Nahrung.

Haie reagieren auf niederfrequente Töne (unter 600 Hz, z.B. zappelnde Fische, singende Wale) und hochempfindlich auf pulsierende Schwingungen im 100-Hertz-Bereich, die von kranken und verwundeten Tieren produziert werden. Ihre Ohren liegen an den Seiten und sind nur als kleine Poren sichtbar. Im Seitenlinienorgan, welches vom Kopf bis zur Schwanzspitze reicht, liegen Sinneszellen in Gallerte eingebettet und lassen wie bei anderen Fischen Druckunterschiede im Wasser feststellen.

Haie können zudem elektrische Felder wahrnehmen, die andere Lebewesen durch Herzschlag, Muskelbewegungen oder Hirnströme verursachen. Sie sind auch empfindlich gegenüber dem Magnetfeld der Erde, welches sie zum Navigieren nutzen.

Haie steuern ihren Salzhaushalt hormonell. Die Leber ist gross und ölhaltig und gibt dem Hai Auftrieb. Sie besitzen keine Schwimmblase wie andere Fische, weshalb sie dauernd in Bewegung sein müssen.

Haie haben ein sehr langsames Wachstum und erreichen ihre Geschlechtsreife teils erst mit 30 Jahren. Paarungsrituale sind Schwimmen, Beissen oder gemeinschaftliches Kreisen. Die Hai-Jungen sind bei der Geburt so weit entwickelt, dass sie sofort überlebensfähig sind.

Hamster

Sammeln / Bewahren / Vorausschauen / Eifersucht

Der Hamster zeigt dir, wie es ist, einzelgängerisch unterwegs zu sein. Du bist ebenso vorausschauend wie er. Es ist an der Zeit, haushälterisch mit deiner Lebensenergie umzugehen. Untergrabe deine Lebenskraft nicht mit Pflichten. Für dein Wohlbefinden in schlechten Tagen solltest du Reserven schaffen und Vorräte in guten Zeiten anlegen. Wichtig ist, dass du deine Kräfte einteilst und nicht dauernd ausreizt.

Wie der Hamster seine Winterruhe braucht, benötigst du auch Ruhephasen. Viel frische Luft, gesunde Ernährung, genügend Schlaf und Sonne helfen dir. Vorbeugen ist besser als heilen!

Allerdings solltest du deinen Geiz ablegen und grosszügiger teilen und geben - überwinde deine Eifersucht. Dies erfordert, auf andere zuzugehen. Entdecke jetzt, welche Freude Geben und Grosszügigkeit machen kann, dir selber und auch den andern. Alles kommt in irgendeiner Form zurück.

Tagesbotschaft
Sei nachsichtig mit dir, damit du grosszügig werden kannst!

Der Hamster hat eine dem Meerschweinchen ähnliche Gestalt, ist aber viel kleiner. Seine Vorratshaltung (bis zu 15 kg) ist allgemein bekannt. In den grossen Backentaschen transportiert er die Nahrung, vor allem Getreide, bis in seinen Bau. Dieser kann bis zu 10 Meter lange und 2 Meter tiefe Gangsysteme mit getrennten Schlaf- und Vorratskammern beinhalten.

Im Winter hält er vom Oktober bis März einen Winterschlaf, den er aber fürs Essen von Vorräten allwöchentlich unterbricht.

Die Weibchen müssen sich tiefer unter der Erde eine Höhle graben, weil sie wegen der Aufzucht der Jungen nicht so stark zum Vorratsammeln kommen.

Hamster sind sehr eifersüchtig und bewachen ihr Revier. Jeder Nachbar ist ein Konkurrent, und deshalb kann man ihn gar nicht wüst genug behandeln. Zum Drohen richtet er sich auf, quiekt, faucht und zirpt. Auch die eigenen Jungen können feindselig verbissen, teils getötet und gefressen werden.

Hamster sind Einzelgänger ausser in der Paarungszeit. Diese findet unter der Erde statt und dauert nur eine Woche. Der Hamster hat 2-3 Würfe im Jahr mit jeweils 4 bis 12 Jungen. Nach 25 Tagen sind diese bereits selbstständig und mit 10 Wochen schon geschlechtsreif. So gehören Hamster zu den fruchtbarsten Säugetieren.

Viele Hamster fallen Tieren wie Eulen, Raubvögeln oder Füchsen zum Opfer, wenn sie nachtaktiv unterwegs sind. Sie selber essen Pflanzen, Insekten und Kleinsäuger - am liebsten jedoch Körner.

Durch gezielte Verfolgung sind Hamster vom Aussterben bedroht, weil sie eine Plage für die Bauern seien.

Goldhamster konnten erst 1930 gefangen und gezüchtet werden. Dies gelang einem Zoologen, der ein Weibchen mit seinen Jungen ausgraben konnte. Von Jerusalem gelangten diese nach England und später nach Amerika. Von ihnen stammen alle heutigen Goldhamster ab, denn nie wieder gelang es jemandem, wilde Goldhamster einzufangen. Die ersten dieser Tiere in Deutschland tauchten nach 1945 auf.

Hase

Angst auflösen / Furchtlosigkeit / Trickreichtum

Ziel des Menschen mit dem Hasen als Krafttier soll die Furchtlosigkeit sein. Angst soll den Menschen nicht hetzen oder jagen und damit rastund ruhelos machen. Ist ein Teil der Seele ängstlich kauernd in einer Mulde deines Lebens? Was lässt dich zusammenzucken und dein Herz rasen?

Beim Auftauchen des Hasen solltest du dich ernsthaft deinen Ängsten stellen, in sie hineingehen, um sie dann auflösen zu können. Ängstliche Menschen haben wie die Hasen stets gespitzte Ohren für jedes Lüftchen. Die Augen sind weit geöffnet und die Muskeln angespannt, um jederzeit flüchten zu können. Ist das der Fall, sollst du deshalb einen Ort der Ruhe suchen. Dank deines Trickreichtums kannst du jedoch vielen Feinden einen Haken schlagen und weisst dich aus brenzligen Situationen zu retten.

Tagesbotschaft
Was nagt an deiner Seele und hindert dich am nächsten Schritt?

Fabeln, Märchen und Geschichten haben den Hasen zum Lieblingstier vieler Kinder und Erwachsener gemacht.

Dank seiner hohen Fortpflanzungsrate hat er bisher die teils starke Verfolgung durch störende Menschen, den Autoverkehr und überdüngte Felder knapp überlebt. Hase und Kaninchen verstehen sich gar nicht gut und sind im Wesen sehr verschieden. Der Hase ist ein Einzelgänger. Er hat keinen festen Wohnsitz, sondern bloss eine flache Mulde. Kaninchen haben einen Bau. Der Feldhase liebt das offene Feld, weil dies Raum zur Flucht bietet. Seine Jungen kommen mit offenen Augen und komplettem Pelz zur Welt im Gegensatz zu den Kaninchen.

Die Häsin kann 2 bis 5x pro Jahr 2 bis 4 faustgrosse, behaarte Junge werfen. Diese sind Nestflüchter. Nur einmal in der Nacht kommt die Häsin kurz zu ihren Jungen zum Säugen. Trotzdem nehmen diese 30g pro Tag zu, denn Hasenmilch ist extrem nahrhaft. Als Schutz gegen die Feinde haben die Jungen keinen Eigengeruch. Trotzdem sterben die meisten in den ersten Lebenstagen.

Die jungen Hasen werden nach 7 Monaten geschlechtsreif. Die Häsin ist kräftiger als der Rammler. Sie veranstaltet in der Paarungszeit Wettrennen mit ihren Anwärtern. Dabei stoppt sie abrupt, kehrt und trommelt mit ihren Vorderläufen auf das Männchen ein. Besteht es diese Tests, darf es sie begatten. Ab Dezember bis Oktober ist die Häsin dann sozusagen dauerträchtig. Sie kann gleichzeitig zwei verschiedene Würfe austragen. Da das auffällige "Hochzeitsritual" nur im Frühling stattfindet, ist bis heute unklar, ob die Spermien das ganze Jahr hindurch im Körper der Häsin bleiben oder ob sie den Rammler noch einmal heimlich trifft.

Gesunde Hasen lassen in der Regel Verfolger durch ihr trickreiches Verhalten hinter sich. Zuerst duckt sich der Hase in eine Mulde und verhält sich möglichst lange unauffällig. Wenn der Feind zu nahe kommt, flüchtet der Hase Haken schlagend. Seine langen Hinterläufe kommen beim Sprint weit über den Aufsatzpunkt der Vorderbeine hinaus. So erreicht er bis zu 50 oder gar 80 km/h. Seine Sprünge können 3 Meter erreichen.

Im Gegensatz zum Feldhasen ist das Kaninchen ein erbärmlicher Sprinter. Der Feldhase legt abends geschickt eine falsche Geruchsfährte für seine Feinde und kehrt dann bis 2,5 Meter neben seine Schlafkule zurück. Da nimmt er einen grossen Satz und legt sich dann schlafen, während er unentdeckt bleibt. Der Hase wartet, wenn ein Fuchs kommt, bis sich dieser auf ca. 30 Meter genähert hat, dann dreht er sich um und macht Drohgebärden. Kein Fuchs nimmt es mit einem erwachsenen Hasen auf. Der Hase selber ist also kein „Angsthase", auch wenn er ein Fluchttier ist.

Die langen Ohren heissen Löffel, sind bis zu 15 cm lang und repräsentieren sein scharfes Gehör.

Der Hase ist dämmerungs- und nachtaktiv. Er muss seine Nahrung zweimal verdauen. Er frisst den so genannten Blinddarmkot sofort nach der Ausscheidung wieder.

Der Hase hat ein wolliges Grundhaar und dünnes Deckhaar.

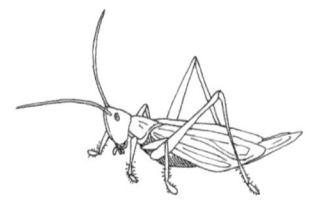

Heuschrecke

Leichtigkeit / Veränderung

So leicht wie eine Heuschrecke sich auf einem biegsamen Grashalm wiegt, so leicht wiegen deine Gedanken auf den Gefühlen eines Menschen.

Nun kannst du Gedankensprünge vollbringen, Phantasie ausleben und mit Leichtigkeit denken. Mit grossen Sätzen springst du durchs Leben oder erhebst dich gar in luftige Höhen.

Wenn Gedanken und Ideen grosse Dimensionen annehmen und über die Gefühlswelt hinweg rollen, ist dies für einzelne Menschen, aber auch für die Gesellschaft, eine unvorstellbare Katastrophe. Zusammen mit deiner ganzen Sippe bist du stark und kannst schon mal ein ganzes Land in Angst und Schrecken versetzen.

Dann hinterlässt du grausame Spuren, Hunger und Not.

Du hast also zwei Seiten in dir.

Tagesbotschaft

Melde dich bei deiner Familie und suche den Kontakt.

Zu den Heuschrecken zählen sowohl die Wanderheuschrecken als auch die Grillen. Den Heuschreckenlarven fehlen noch die Flügel. Diese erscheinen erst nach der 5. Häutung. Die Hinterbeine haben kräftige Muskulatur. So sind 3-Meter-Sprünge möglich. Das Männchen erzeugt durch Reiben der Hinterbeine Töne (Zirpen), um die stummen Weibchen anzulocken.

Heuschrecken sind überwiegend pflanzenfressende Arten, hellgrüne Laubheuschrecken jedoch Fleischfresser.

Die Feldheuschrecke hat zwei verschiedene Phasen: sesshaft als Individuum auf sich allein gestellt und die Wanderphase in der Gruppe. Für letzteres ändert die Heuschrecke ihre Körperproportion, Verfärbung und das Verhalten stark, so dass man erst 1921 erkannte, dass es nicht zwei verschiedene Arten sind.

Die Wanderheuschrecke verursacht oft eine grosse Naturkatastrophe. Es kann Schwärme von bis zu 100 Mia. Individuen geben. Diese richten einen unsäglichen Schaden in der Pflanzenwelt an. Schon in der Bibel im 2. Buch Mose ist eine solche als 8. Plage in Ägypten erwähnt. Es ist ein unberechenbares Phänomen, kommt lawinenartig und unregelmässig.

In Europa sind / waren solche Plagen jedoch seltener.

Hirsch

Würde / Naturliebe / Sanftmütigkeit

Der Hirsch mahnt dich zum achtsamen Umgang mit der Natur und ihren Ressourcen, aber auch zur Achtung unserer eigenen seelischen, feinstofflichen Energien.
Dank einer spirituellen Öffnung kannst du nun die Schönheit jenseits der materiellen Welt wahrnehmen.
Mit dem stolzen Hirsch an deiner Seite strahlst du eine Würde aus, bist aber auch nicht für jedermann zugänglich. Du bist bereit, für deine Überzeugungen sachlich zu kämpfen, lässt dich aber nicht provozieren und hältst dich eher im Hintergrund. Konfrontationen meidest du lieber als dass du deine Meinung durchsetzt.
Du bist friedlich, ausser es geht um deine Nachfolge.
Wenn dir Angehörige fremd geworden sind, sollst du um Vergebung bitten und nicht gegen sie kämpfen. Gerne versammelst du Familienmitglieder und Freunde zum gemeinsamen Schutz.
Der Hirsch fordert dich auf, dich wieder vermehrt in der Natur aufzuhalten, die Energien der Mutter Erde zu tanken und verborgene Talente in dir zu entdecken.

Tagesbotschaft
Geh in die Natur und tanke die Kraft der Mutter Erde.

Hirsche sind Paarhufer, deren Familie rund 45 Arten umfasst, von denen unter anderem der Rothirsch, Damhirsch, das Reh, das Ren und der Elch auch in Europa verbreitet sind. Ihre Grösse variiert erheblich.
Typisch für die männlichen Hirsche ist ihr Geweih, welches zum Imponieren und Kämpfen um die Paarung dient. Dieses wächst aus zapfenförmigen Knochengebilden, sogenannten „Rosenstöcken", am Stirnbein und besteht im Gegensatz zu den Hörnern der Hornträger aus Knochensubstanz. Man nennt ein einjähriges Männchen „Spiesshirsch", wegen dieser ersten Geweihspitzen. Während der Wachstumsphase wird das Geweih mittels der gut durchbluteten kurz behaarten Haut, so genannter Bast, versorgt. Sobald das Wachstum abgeschlossen ist, wird der Bast abgestossen und das Geweih wird schmerzunempfindlich. Es wird jedes

Jahr nach der Paarungszeit abgeworfen und danach neu gebildet. Dies unterscheidet sie zu den Hornträgern (z.B. Ziege...).

Hirsche ernähren sich von unterschiedlichen Pflanzen wie Gräsern, Blättern, Rinde, Knospen und Zweigen. Im Vergleich zu Hornträgern bevorzugen sie generell eher weichere Pflanzennahrung.

Hirsche sind scheu und friedliebend, leben meist in Gruppen, in denen ein Männchen mehrerer Weibchen hat. Während der Paarungszeit kommt es unter Männchen zu starken Revierkämpfen, woraus umgangssprachlich auch der „Platzhirsch" hervorging. Hirsche flüchten ansonsten lieber, als dass sie einen Feind konfrontieren.

Vom Menschen wurden Hirsche in einigen Regionen eingeführt, in denen sie nicht heimisch waren, darunter Australien, Neuseeland, Neuguinea oder einige Karibische Inseln.

Das Wort „Hirsch" geht auf die indogermanische Wurzel „ker", „her" zurück, was „Horn" oder „Geweih" bedeutet, althochdeutsch hiess es „hiruz", mittelhochdeutsch „hirz". Lateinisch ist „cervus" = Hirsch und „cornu" = Horn.

In verschiedensten Kulturen hat der Hirsch eine wichtige Rolle gespielt. Bereits auf Felszeichnungen werden sowohl Tiere als auch Menschen mit Hirschgeweih dargestellt.

In der keltischen Mythologie ist Cernunnos der verkörperte Hirschgott.

Bei den Griechen war der Hirsch der Jagdgöttin Artemis heilig und steht für den heiligen Raum der Natur. Da sie in der Antike den Wagen des Chronos - des Gottes der Zeit - zogen, symbolisieren sie auch das Verstreichen der Zeit.

Auch die nordische Mythologie kennt Hirsche: so fressen vier dieser Tiere die Knospen der Weltesche Yggdrasil.

Hirsche stehen für Sanftmut und Vorsicht, obwohl bekannt ist, dass sie sich Igeln und Schlangen gegenüber sehr aggressiv verhalten können und sie töten. Im Christentum wird das zum Kampf gegen das Böse umgedeutet und der Hirsch zu einem Symbol Christi. Im christlichen Kontext taucht der Hirsch im Psalm wie folgt auf: „Wie der Hirsch lechzt nach frischem Wasser, so lechzt meine Seele, Gott, nach dir."

Auch in der Mythologie der Indianer spielen Hirsche, vorrangig Wapitis, eine Rolle und werden mit Eigenschaften wie Sanftmütigkeit und Dankbarkeit in Verbindung gebracht.

Hund

Freundschaft / Treue / Spürsinn / Intuition

Der Hund möchte dein treuer Freund und Begleiter werden. Seine Liebe ist bedingungslos. Das Gehör des Hundes ist fein entwickelt.
Nimmst auch du die Zwischen- und Misstöne wahr, welche vermeintliche Freunde aussenden? Welchen kannst du voll und ganz vertrauen?
Mit seiner feinen Nase kann der Hund jede Fährte aufnehmen genauso gut wie du mit deiner Intuition. Lerne, auf sie zu vertrauen und dich führen zu lassen wie der Hund mit seiner Spürnase.
Du schnüffelst gern in anderen Angelegenheiten. Lass dich hier nicht zu sehr vom Hund leiten, sondern folge deiner ganz persönlichen Spur und markiere dann dein Revier. Der Hund lehrt dich Loyalität und Treue zum Vorgesetzten. Sei auch deinem innersten Kern treu. Jeder ist an den göttlichen Plan angeschlossen, und dies macht dir der Hund wieder einmal bewusst.
Je nach Art des Hundes, der dir begegnet, hat er eine andere Botschaft für dich. Dunkle Farben sprechen unsere unbewusste, weibliche Seite an, helle Farben stehen für die aktive, bewegliche, männliche Seite. Ein rotbrauner Hund erinnert dich an deine Gefühlswelt. Ist der Hund aggressiv, signalisiert er dir, dass du deine Mitte verloren hast.

Tagesbotschaft
Befreie dich von auferlegten Zwängen, triff bewusste Entscheide und sage auch mal NEIN.

Alle Hunderassen stammen ursprünglich vom Wolf ab. Historisch hielt man sich einen Hund zur Bewachung des Hauses, heute sind viele Haushunde verhätschelt und zu Ersatzobjekten verkommen.
Wir haben nur rund 20 Millionen Riechzellen. Hunde aber haben eine sehr viel bessere Nase. Sie kann Düfte differenziert wahrnehmen. Deswegen können Hunde auch den Angst-Duft riechen.
Seine Ohren sind ebenfalls feiner als unsere, und dank der Beweglichkeit hat er ein gutes Richtungshören.
Heutige Erkenntnisse besagen dem Hund eine Rot-Grün-Farbenblindheit.
Hunde haben 42 bleibende Zähne, wobei der eine Eckzahn besonders kräftig

ist und als Reisszahn bezeichnet wird. Sie werden zahnlos geboren und bekommen dann wie der Mensch zuerst Milchzähne.

Soziale und emotionale Bindungen bauen Hunde vor allem über den Tastsinn auf. So können sie über Berührung messbar beruhigt werden. Über die Pfoten kann der Hund Vibration wahrnehmen.

Hunde sind heute Hilfen für den Menschen als Blinden-, Hirten-, Therapie-, Jagd- oder Wachhund oder einfach als Kuscheltier oder bester Freund. Es gibt eine Vielzahl von Züchtungen, dabei auch sehr qualvolle und unnatürliche.

In vielen Ländern hat sich ein Nahrungstabu gegenüber dem Hundefleisch entwickelt, während in manchen asiatischen Ländern ihr Fleisch gegessen wird.

Igel

Schutz / Gourmet / kleine Schritte

Wie der Igel mit seinem Stachelball, weisst auch du dich zu schützen, wenn Gefahr droht. Sei dir deiner verletzlichen Teile bewusst und achte gut auf sie. In der neuen Zeit gibt es allerdings Gefahren, bei denen deine bisherigen Methoden nicht funktionieren. Halte also Ausschau nach neuen und bleibe flexibel.
Denke auch daran, dass manchmal kleine Schritte schneller ans Ziel führen als zu grosse.
Wie der Igel, so bist auch du ein kleiner Gourmet, isst gerne und ausgewählt. Deine Tischmanieren könnten jedoch besser sein.

Tagesbotschaft
Wappne dich für einen Kampf - im Innen oder im Aussen - und baue dir den nötigen Schutz auf.

Der Igel ist kurzbeinig, gedrungen und hamstergross mit Stummelschwanz und spitzem Kopf. Sein stacheliges Kleid, das von der Stirn bis zur Schwanzwurzel reicht, ist sein Hauptmerkmal. Seine Unterseite ist dagegen dicht behaart. Eine ungewöhnlich starke Muskelkappe überzieht seinen Rücken und ermöglicht ihm dadurch das Zusammenrollen zu einem schützenden Stachelball. Diesen kann man auch gewaltsam kaum aufbrechen.
Der Igel ist dämmerungs- und nachtaktiv und als einzelgängerischer Sammler unterwegs.
Er hat einen stark entwickelten Geruchs- und Hörsinn. So ist seine Nase wie bei allen Insektenfressern ein vorzügliches Schnüffel- und Tastorgan. Sie ist immer feucht, manchmal regelrecht triefend. Damit betastet und erschnüffelt er zuerst alles, bevor er aktionsbereit ist. Die Augen sind dagegen nur sehr klein.
Der Igel ist ein wichtiger Vertilger von Schadinsekten sowie auch Schnecken, Mäusen und sogar von giftigen Kreuzottern. Beim Fressen ist er wählerisch. Er zieht frische Fleischkost vor, nimmt aber auch gerne würzige Pilze oder süsses, frisches Obst. Oft macht er laute, schmatzende Geräusche.
Der Igel trippelt in kleinen Schritten, kann aber auch schwimmen.
Das Weibchen bringt nach fünf bis sechs Wochen Tragezeit blinde, ganz weisse Junge zur Welt. Ihre Stacheln sind bereits vorhanden, jedoch tief eingebettet in

die aufgeschwollene Rückenhaut um die Mutter nicht zu verletzen. Die Augen öffnen sie spätestens nach 3 Wochen. Dann werden sie noch 5 weitere Wochen gesäugt. Sie folgen der Mutter auf die nächtlichen Pirschgänge, meist im Gänsemarsch. Da gesellt sich oft der Vater dazu. Das Paar bleibt sich mehrere Jahre treu. Sein Schutzverhalten mit dem Einrollen zu einem Stachel-ball ist ihm in den letzten Jahrzehnten immer mehr zum Verhängnis geworden. Denn dies bewährt sich im heutigen Strassenverkehr nicht. Es ist erstaunlich, dass der Igel trotz dem grossen Verkehr mit enormen Verlusten doch noch überlebt hat. Sein Stachelkleid ist auch ungünstig wegen Ungeziefer. Er leidet vor allem unter Zecken und Flöhen.

Die Nähe des Menschen scheuen Igel nicht. So nisten sie sich gerne in Gartenlauben, Bienenhäusern, Scheunen und ähnlichem ein. Das Liegenlassen von Laub, Zweigen und Reisig ist wesentlich, damit der Igel überwintern kann. Er ist standorttreu. Fühlt er sich wohl, lässt er sich vom Menschen auch füttern und kann bis zu einem gewissen Mass zahm und anhänglich werden, führt sogar seine Jungen vor.

Käfer

Kraft / Koordination

Krabbelt ein schillernder Käfer auf deiner Karte, zeigt er dir, wie du dich gleichzeitig schützen und Höhenflüge erreichen kannst. Dank der Verbundenheit mit den Elementen Erde und Luft kannst du deine Zentriertheit und Mitte finden. Halte Balance zwischen der Mutter Erde und dem himmlischen Licht.
Der Käfer zeigt dir, wie du alles gut koordinieren und damit ans Ziel kommen kannst. Lass dich von ihm leiten. Vielleicht sind dir auch seine räuberischen Tricks einmal nützlich. Und vertraue auf seine unglaubliche Kraft.
Es steckt mehr in dir als du denkst!

Tagesbotschaft
Entschleunige deinen heutigen Tag und baue bewusst Pausen ein.

Käfer sind mit mehr als 350'000 Arten und 200 Familien wohl die grösste Ordnung in der ganzen Tierwelt.
Die Vorderflügel haben sich in harte, starre, den Leib schützende Flügel verwandelt, während die Hinterflügel häutig und zusammen gefaltet fürs Fliegen vorgesehen sind. Oft sind sie fast doppelt so lang wie die harten Aussenflügel.
Käfer sind jedoch nicht beste Flieger. Einige verzichten gar ganz darauf.
Käfer haben sechs behände Beine. Bei uns sind vor allem die Laufkäfer schnell und räuberisch. Sie jagen hauptsächlich nachts und schlagen ihr Opfer mit ihren Kieferzangen. Dann erbrechen sie den scharfen Magensaft in die Wunde, um dort das Fleisch aufzulösen, so dass sie es aufsaugen können.
Bereits die Larven sind Räuber aus dem Hinterhalt. Sie stecken in kleinen Erdröhren. Wenn ein Insekt vorüber kommt, schnellen sie hervor, schlagen die langen Kiefer ein und zerren die Beute in die Röhre. Sie brauchen oft mehrere Jahre zur Entwicklung zum Käfer.
Laufkäfer sind echte Bodentiere mit verkümmerten Flügeln. Sie klettern auch kaum.
Schwimmkäfer sind wiederum ans Wasser angepasste Laufkäfer. Auch sie sind schneidige Räuber mit stromlinienförmigem Leib und glatter Oberfläche. Sie können für ihre Jagd nach Wasserinsekten, Larven, Schnecken, Asseln und Kaulquappen einen grossen Luftvorrat tanken.

Aaskäfer gelten als Strassenkehrer der Natur, und es zählen u.a. Mist- und Dungkäfer dazu. Der Gemeine Totengräber in Mitteleuropa wird durch den Aasgeruch kleiner Tierleichen angelockt. Er signalisiert mit Duftwellen den Fund seinen Artgenossen. Sie graben alle zusammen Erde unter dem Kadaver weg, bis dieser langsam versinkt. Sie bringen den Dung schnell unter die Erde, weil er dort länger haltbar ist. Daraus machen sie teils Brutpillen für die Larven und betreiben fürsorgliche Brutpflege.

Manche Käfer leben im Ameisenbau. Für diese sind sie dank berauschenden, duftenden Sekreten angenehme Gäste.

Skarabäen sind Mistkäfer, Maikäfer, Rosenkäfer etc. Ihr Körper ist hoch gewölbt mit lebhaften Farben und schillernder Oberfläche wie metallisch grün, blau, violett und funkelnd. Die Fühler haben lamellenartige Glieder wie ein Fächer. Der Scarabäus hat ein ausgezeichnetes Geruchsvermögen. Er fliegt laut surrend und purrend.

Der Hirschkäfer hat als Merkmal beim Männchen eine riesige Kopfzier durch den verlängerten, verstärkten und verzweigten Oberkiefer. Nützlich ist dieser kaum, ausser dass er damit imponieren kann. Beim Hirschkäfer benötigt die 10 cm lange Larve zur Entwicklung volle 5 Jahre in morschem Holz eines alten Eichenstrunkes. Im sechsten Jahr verwandelt sie sich dann in eine Puppe.

Kamel

Durchhaltewillen / Belastbarkeit

Schreitet das Kamel mit seinem wiegenden Gang an dir vorbei, bringt es dir Ausdauer und Durchhaltewillen.

Stets sollst du dein Ziel verfolgen und auf deine gespeicherten Reserven vertrauen. Gib nicht jeder Lust nach Essen oder Trinken nach, sondern lote deine persönlichen Grenzen aus. Du wirst bei Belastung länger durchhalten, als du selber angenommen hast. Dies ermöglicht dir ganz neue Erfahrungen.

Das Kamel will dir zeigen, wie ausgeklügelt unser Körper gebaut ist und dass alles seinen Sinn hat. Vertraue auf die höhere Macht, die uns nicht nur erschaffen hat, sondern uns auch immer beisteht. Dies gilt für die körperliche, die geistige und seelische Ebene.So wirst du Durst nicht mehr kennen.

Du nimmst jeden Moment mit dem, was er dir bietet. Du kannst sowohl verzichten als auch zugreifen, wenn dir eine Möglichkeit geboten wird.

Entdecke deine Sensitivität für Wasseradern. Wie ist es mit deinem Wohnbereich? Stört eine Wasserader deinen Schlaf?

Tagesbotschaft
Nimm den Tag mit Gemütlichkeit!

Das Kamel bewegt sich langsam, aber unbeirrt in wiegendem Gang.

Es kann die Hälfte seines Körperwassers schadlos verlieren, während der Mensch schon beim Verlust von 12 % vom Tod bedroht ist. Kommt das Kamel nach langer Phase ohne Wasser zu einer Oase, kann es in 10 Minuten 110 Liter Wasser trinken. Die Trampeltiere haben ein feines Gespür für Wasser- und andere Flüssigkeitsquellen. Die spezielle Form der roten Blutkörperchen verhindert dabei die Überwässerung im Körper. Die Höcker sind nicht wie landläufig angenommen, um Wasser zu speichern, sondern lagern Fett als Reserve ein. Nach reicher Weide sind diese fest und prall.

Dank der breiten Füsse mit dicken Hornhautschwielen hat das Kamel einen sicheren Tritt im Sand. Auch die langen Augenwimpern, der starke Tränenfluss und die schlitzförmigen verschliessbaren Nasenlöcher dienen seinem wüstenhaften Umfeld und sind nützlich bei Sandstürmen. Das dicke Fell ist tagsüber ein Schutz gegen die Hitze und in der Nacht gegen die Kälte. Die grossen harten Schwielen an Knie- und Ellbogengelenken sowie am Brustkasten ermöglichen ein Lagern auf hartem oder sandigem Boden.

Sie sind die einzigen Huftiere, die sich im Liegen paaren. Nach 12 bis 13 Monaten Tragezeit kommt das Junge zur Welt und ist im ersten Lebensjahr mit der Mutter auf der Weide. Danach beginnt es bereits die Karawane zu begleiten.

Mit den weichen, schlabbernden Lippen kann das Kamel stachelige und dornige Zweige umfassen. Im Hintermaul werden diese Pflanzenteile von starkem Speichelfluss durchtränkt und von den breiten, gelben Zähnen zermalmt und in den Wiederkäuermagen befördert. Müssen sich Kamele verteidigen oder sich während der Brunft im Kampf gegen Rivalen messen, beissen, treten und spuken sie. Der starke Hengst, der seine Herde führt und eifersüchtig die Stuten bewacht, frisst während der Brunft kaum. Aus den Nackendrüsen sondert er ein pedantisch riechendes, teerähnliches Sekret aus. Er knirscht mit den Zähnen, gurgelt, stöhnt, knurrt und brüllt. Geifernd spukt er der Konkurrenz ins Auge und versucht den Gegner niederzutrampeln.

Heute gibt es Kamele und Dromedare praktisch nur noch als Haus und Nutztiere. Das nun in Asien ausgestorbene Dromedar wurde in Australien ausgewildert und hat sich sehr schnell vermehrt. Heute leben auf 5 Kontinenten ca. 800'000 Tiere, wo sie eigentlich nicht hin gehören. Sie bringen damit das Ökosystem in Gefahr, da sie keine natürlichen Feinde haben. Auf Futter- und Wassersuche hinterlassen sie eine riesige Schadensspur und überfallen nicht selten Siedlungen.

Känguru

Stabilität / grosse Sprünge / neue Ideen / Geschwisterliebe

Mit seinem kräftigen Schwanz will dich das Känguru erinnern, dass du deine innere Stabilität finden und gleichzeitig grosse Sprünge tun kannst, um dir ganz neue Felder zu eröffnen. Die Fürsorge für deinen Nachwuchs und alles Werdende, das in dir entsteht, trägst du immer ganz bei dir und schützt es vor äusseren Feinden. Wäge ab, ob der Zeitpunkt schon stimmt, dein Baby, deine Idee zu zeigen.
Deine innige Beziehung zu deinen Geschwistern ist etwas Besonderes, das du gut pflegen sollst.
Bewege dich viel und mit Freude! So entdeckst du dank dem Känguru vielleicht ganz neue Bewegungsarten. Es hilft dir regelrecht auf die Sprünge. Unterbinde auch nicht deinen Spieltrieb und bleibe mit deinen Freunden und Geschwistern neckisch.

Tagesbotschaft
Schau ins Spiegelbild und in die Augen deines Gegenübers. Was teilen sie dir mit?

Die Roten Riesenkängurus als grösste Hüpfer und Springer der Welt sind ortsgebunden und schätzen ihr geschlossenes Revier.
Wie ihre unterschiedlichen Lebensweisen sind die Kängurus auch verschieden. Ihre Verbreitung ist von Neuguinea über Tasmanien bis Australien.
Mit einer Geschwindigkeit von 70 km/h und 6 bis 12 Meter weiten Sprüngen kommt das Känguru gut voran und überhüpft Hindernisse, 2 bis 3 Meter hoch springend. Die ungewöhnliche Federkraft kommt allein von den gewaltig verlängerten und ungemein kräftigen Hinterbeinen. Der lange und starke Stützschwanz spielt dabei die Rolle einer Balancierstange und berührt den Boden beim Sprung nicht. Die fast verkümmert wirkenden Vorderpfoten hängen dabei leicht angewinkelt als Luftruder herab. Der schwächliche Vorderkörper liegt fast waagrecht in der Luft. Der Kopf ist hasenähnlich und betont erhoben. Ein jäher Schlag mit den Hinterfüssen und den starken Krallen des Riesenkängurus kann tödlich sein. Durch seine starke Verfolgung hat es angefangen, sich tagsüber in die Büsche zurückzuziehen und erst in der Dämmerung auf die Weide zu kommen.

Ungestört verhält sich das Känguru ruhig, fast bedächtig. Untereinander vergnügt es sich mit fast neckischen Spielen. Dabei kommt die Freude an Bewegung gut zur Geltung. So kann es auch spielerische Boxkämpfe austragen.

Nach 4 bis 6 Wochen Tragezeit kommt ein winziges 5 bis 15 mm grosses, sehr unterentwickeltes Junges zur Welt. Dank seiner kräftigen Vorderbeinchen und Leckspuren der Mutter kann das Junge im Fell der Mutter bis in den Beutel hoch kriechen. Dort saugt es an einem von vier Zitzen fest für 150 bis 200 Tage. Erst dann verlässt es das feuchte, warme Beutelklima. Wenn ein Kängurubaby etwa ein Jahr alt ist, trinkt es noch gerne im Beutel, aber es beginnt schon, draussen selber zu fressen. Manchmal flitzt es, wenn es Durst hat, nur schnell zur Mutter und streckt den Kopf zum Milchtrinken in den Beutel. Die Milch, die es bekommt, ist ziemlich fettreich. Gleichzeitig kommt aber wieder ein Geschwisterchen auf die Welt, klein wie eine Kaffeebohne, und kriecht in den Beutel. Dieses Baby lebt nun ganz im Beutel und braucht weniger Fett, aber mehr Stärke. Die beiden Geschwister teilen sich nachts das Zuhause, bekommen aber verschiedene Milch.

Kaninchen

Fruchtbarkeit / Lichtwesen

Von Grund auf bist du eher schüchtern, doch fühlst du dich wohl in Gruppen. Deine Freunde und Familie machst du auf Gefahren aufmerksam, wenn dich deine Intuition warnt.

Häufig äussern Kinder den Wunsch nach Kaninchen, weil das Kaninchen das Göttliche verkörpert. An Ostern ermuntert es uns, aus dem Winterschlaf zu erwachen und am Leben teilzunehmen.

Die Fruchtbarkeit ist weniger im physischen Sinne gemeint, sondern als Aufbrechen von Begrenzungen durch göttliche Impulse. Pflege diese neuen Ideen und freue dich, wie sie gedeihen.

Tagesbotschaft
Welche irdischen Triebe halten dich vom Streben ins Licht ab? Wo lässt du dich noch ablenken?

In der Eiszeit wurde seine Art stark dezimiert, so dass das Kaninchen nur noch auf der Iberischen Halbinsel und in Nordwestafrika angesiedelt war. Danach vermehrte es. Das Wildkaninchen liebt sandige Böden und buschige Landschaften. Es kann sich aber auch mit anderen Bedingungen abfinden.

Die Nähe zum Menschen meidet es nicht, wird dann aber eher zum Nachttier. Bereits in Schriften aus dem Mittelalter wird die Kaninchenhaltung erwähnt. Wegen ihrer grossen Fruchtbarkeit und dem zarten Fleisch züchtete der Mensch dieses früher scheue Tier.

Im Gegensatz zum Feldhasen ist das Kaninchen gesellig und lebt paar- oder familienweise, teils auch in grossen Kolonien. Der Rammler bleibt seiner Häsin nicht durchweg, aber doch oft treu. Sie bewohnen ihren Bau meist gemeinsam und hoppeln abends und morgens zusammen zum Äsen. Sie entfernen sich nicht gerne weit vom Bau, da ihnen sonst die Deckung fehlt. Zur Warnung vor Feinden trommeln sie mit den Hinterläufen. Auf der Flucht sind sie schnell, ständig um Deckung bemüht, in tollen Zickzacklinien unterwegs. Ihre „weisse Blume" des Stummel-

schwanzes ist ihr Signallicht in der Dunkelheit.
Es hat bis zu 11 Würfen pro Jahr mit jeweils 4 bis 12 Jungen,
was eine grosse Fruchtbarkeit beweist und jene des Feldhasen bei weitem übersteigt. Die Jungen kommen in einer
extra angelegten, mit weicher Bauchwolle gepolsterten
Höhle nackt und blind zur Welt und sind anfangs ganz
hilflos. Regelmässig pflegt die Mutter ihre Kleinen. Den
Rammler verschont sie vor der Kleinkinderarbeit. Nach 5
Wochen führt sie die Kleinen jedoch zu ihm. Dann erweist
er sich als guter, fürsorglicher Vater.

Katze

**Eigenwille / Energieumwandlung /
Schlagfertigkeit / Unabhängigkeit / Sinnlichkeit**

Die Katze schmiegt sich um dein Bein und erinnert dich, dass du mit samtenen Pfoten unauffällig überall herumschleichen kannst, ohne zu sehr wahrgenommen zu werden. So entdeckst du die schönsten Winkel und lässt dich von dort auch nicht vertreiben.

Die Katze hilft dir, negative, belastende Energien umzuwandeln und neu zu nutzen, denn Katzen können sich an Orten aufhalten, die für Menschen ungünstig sind. Dies zeigt ihre Verbindung zur Schattenwelt. Sie lässt sich vom Menschen nichts vorschreiben, sucht ihren ureigenen Weg, auf dessen Spur du dich nun begeben kannst. Mit Geduld wartest du den günstigsten Moment ab. In der Nacht kannst du deine Wildheit ausleben, folgst dem Jagdinstinkt. Tagsüber scheinst du manchmal schläfrig, ziehst dich in Wirklichkeit aber einfach aus dem Geschehen zurück und beobachtest. Kommt dir etwas oder jemand zu nah, weisst du dich zu wehren.

Tagesbotschaft

Sei heute aufmerksam und achtsam mit deinen Mitmenschen. Wer braucht am meisten Streicheleinheiten von dir?

Es gibt ca. 40 Katzenarten, zu denen auch Tiger, Löwe, Leopard oder Jaguar zählen. Sie alle sind visuell orientiert und sehen besser als wir. Die Augen sind wie bei uns Menschen das bedeutsamste und leistungsfähigste Sinnesorgan. Die Pupille wird bei hellem Licht schlitzförmig, bei abnehmendem Licht immer runder und grösser. In der Dämmerung sieht sie durch spezielle Rezeptoren noch besser, denn eine Reflexionsschicht hinter der Netzhaut kann die Lichtempfindlichkeit des Auges um den Faktor 1,7 verstärken.

Katzen haben weiche, tastempfindliche Pfotenballen, die ihnen ein lautloses Bewegen ermöglichen. Krallen sind zur Verteidigung, Jagd oder dem Weichmachen eines Untergrundes gut.

Eine Besonderheit ist ihre Möglichkeit mit Schnurren angenehme Gefühle auszudrücken. Das Miauen der Jungen bleibt vor allem bei den Hauskatzen erhalten. Katzen sind jederzeit zu einer schnellen Reaktion bereit. Ihre Neugier ist ein Intelligenzmerkmal. Sie hecheln, weil sie nicht schwitzen können. Ihren Kot vergraben sie immer und sind sehr reinlich.

Zum Verdauen ihrer abgeschleckten Körperhaare müssen sie teils Gras fressen.

Die Katze kann einen Drohbuckel machen, das Fell sträuben, die Ohren zurücklegen, wenn sie etwas abwehren muss. Nimmt eine Katze eine drohende Position ein, so hat jene verloren, welche zuerst wegschaut. Katzen haben untereinander enge Freundschaften. Mit dem Lauern beginnt die Jagd. Die Katze ist eine Meisterin im Ansitz vor dem Mäuseloch und zeigt viel Geduld. Oft spielt sie dann noch mit ihrer Beute.

In der nordischen Mythologie ziehen Wildkatzen die Wagen von zwei Göttinnen: Freya (=Herrin), die Liebes-und Fruchtbarkeitsgöttin, und Frigg oder Frija, was heute noch in „Freitag" weiterlebt. In Ägypten war die Göttin Bast oder Bastet teils mit einem Katzenkopf dargestellt. Die Sphinx ist wohl das bekannteste Beispiel für die ägyptische Katzenverehrung. Sie hat einen Menschenkopf auf einem Katzenkörper. Man nannte die Katze „Mau". In Ägypten brachte die Katze Segen und Glück. Das Töten einer Katze war ein schweres Verbrechen. Auch Mohammed schreibt man eine grosse Liebe zu Katzen zu. Noch in der Römerzeit war die Hauskatze in Europa ziemlich unbekannt. Ab dem 9. Jh. mit Karl dem Grossen taucht sie als wertvolle Seltenheit auf. Vor allem Schlossherrinnen hatten sie als beliebtes Hätscheltier. Katzen kamen auf den Schiffen mit als Rattenfänger. Erst um 1500 wechselte ihre Symbolik zur Dämonisierung. Da die Kirche die Teufelsmacht schürte, sagte man der Katze die Verkörperung des Bösen nach. Gründe hierzu waren die Nachtaktivität der Katze, ihre geschmeidigen und deswegen für viele unzüchtigen Bewegungen, oder weil sie sich elektrostatisch aufladen kann und dann ein knisterndes, funkendes Fell aufweist. Ihr goldenes, grün glühendes Augenpaar zeige das Teuflische. Wenn ein klagender Kater nachts schrie, hörte man darin die klagenden Seelen aus der Hölle. Man warf die Katzen vom Turm, aber weil sie dank ihrem Stellreflex oft überlebt haben, wurden sie zu noch gefährlicheren Höllenwesen. Der „Hexenhammer", verfasst vom Dominikaner Heinrich Kramer, schreibt Hexen die Fähigkeit zu, sich mit Hilfe von Dämonen in Katzen verwandeln zu können. Die „Hexen" wurden verbrannt – die Katzen oft mit. Als Seuchen wie die Pest grassierten, war noch nicht bekannt, dass die Ursache des Übels keineswegs die Katze, sondern die durch sie gejagten Ratten und deren Flöhe waren.

Erst im 18. Jh. gibt es erneut eine Wende. In Mitteleuropa bekommt eine dreifarbige Katze den Ruf, Glück zu bringen. Sie schütze vor allem vor Hausbränden. So baute man Katzen teils lebend ins Fundament eines neuen Hauses ein, um Unglück fern zu halten.

Heute sind Katzen wieder beliebte Haustiere. Menschen, die Hauskatzen halten, verwöhnen sie gerne. Teils wird die Katze zum Ersatzkind.

Kobra

Wiedergeburt / Aggression / Seelenführerin / Sexualkraft

siehe auch unter Schlange oder Drache

Richtet sich die Kobra vor dir auf, warnt sie dich und ermahnt dich zu Wachsamkeit. Prüfe den Umgang mit deinen Aggressionen und überschüssigen Energien. Wie kannst du sie positiv kanalisieren und nutzen? Richten sich diese nach aussen oder gegen dich selbst?
Die Kobra zeigt dir, dass du unglaublich starke Waffen hast, die du bei Bedarf gezielt einsetzen sollst.
Mit deinem Gebaren führst du andere gerne an der Nase herum und täuschst sie. Ist dies der richtige Schutz oder solltest du im Umgang mit Menschen Neues ausprobieren?
Anerkenne die Kobra als deine Seelenführerin. Sie ist darin geübt. Nutze ihre aufsteigende Kraft in der Sexualität, im Yoga, auch im ganz normalen Alltag. Übe dich darin! So kannst du deine persönlichen Kräfte annehmen und unter Kontrolle bringen.

Tagesbotschaft
Dein Thema heute sind Aggressionen. Dies ist keineswegs negativ, sondern zeigt dir, wo das Kräftepotenzial liegt. Kanalisiere sie!

Die Kobra ist wohl die berühmteste Giftschlange und zählt zu den Giftnattern wie auch die Mambas oder die Seeschlangen. Die Königskobra kann 4,5 Meter lang werden, lebt von Südindien über die indonesischen Inseln bis zu den Philippinen in den Tropen. Die kleinste Kobra-Art ist die südafrikanische Ringhalskobra. Sie wird nur 1,2 Meter lang. Was Kobras am deutlichsten von anderen Schlangenarten unterscheidet, ist ihr spreizbares Nackenschild, das auch „Haube" oder „Hut" genannt wird. Die Zeichnung darauf hat zu ihrem Beinamen „Brillenschlange" geführt.
Die normale Kobra (Naja naja genannt) frisst Echsen, Frösche, Mäuse, Ratten und auch Fische und plündert gerne Vogelnester, denn sie kann auf die Baumwipfel klettern. Nach dem giftigen Biss lässt die Kobra ihr Opfer laufen und verfolgt es, bis es umfällt. Die Königskobra hingegen verbeisst sich in der Beute, bis diese gestorben

       www.ergo-beruehren-begreifen.ch

ist. Zwar ist ihr Gift schwächer, durch ihre Grösse produziert sie jedoch eine grössere Menge, weshalb ihr Biss auch einem Elefanten ernsthaft gefährlich werden kann. Bei manchen Kobras wirkt ihr Gift bei kleineren Nagern innerhalb von Sekunden. Beim Menschen kann ein Biss ebenfalls tödlich enden, wird ihm nicht sofort mit einem Gegengift geholfen.

Sie hat nicht wie die anderen Giftschlangen an den hinteren, sondern an den vorderen Oberkieferzähnen eine Giftrinne. Dadurch geht das Gift bereits beim ersten Angriff in die Wunde und nicht erst beim Kauen. Schon bei Erregung kommt Gift in den Mund, das sie durch die Zungenlücke gezielt spuken kann. Meist trifft sie ins Auge des Angreifers und dieser kann davon erblinden. Die Kobra erhebt sich mit dem vorderen Drittel (bis zu einem Meter) senkrecht und spreizt den Nacken.

Da Kobras keine Beine zum Graben von Höhlen haben, verbergen sie sich gerne in Gängen und Bauten von Nagern, Felsspalten, hohlen Bäumen oder ähnlich geeigneten Verstecken.

Auf Nahrungssuche bewegt sie sich auch auf Reisfeldern, Plantagen und bis in die Häuser des Menschen.

Die Kobra steht in vielen Kulturen unter allen Schlangenarten im Mittelpunkt. So war sie im alten Ägypten „das Auge des Sonnengottes" und mit göttlicher Macht und Herrlichkeit in Verbindung gebracht. In der alten indischen Yogatradition symbolisiert die Kobra die aufsteigende Sexualkraft, die Kraft der Kundalini (Sanskrit: kundala „gerollt, gewunden'"). Im Hinduismus ist die Kobra das Reittier von Vishnu und steht damit für Weisheit, Erkenntnis und Ewigkeit. Die Naga und Nagina sind Schlangenkönige und -königinnen, auch oft eigenständige Gottheiten. Ihre Darstellungen können verschiedene Gestalt annehmen: zum Beispiel Menschen mit Kobraköpfen und Kobrabrillenzeichnungen oder Menschen von der Taille an aufwärts und von der Hüfte abwärts Schlange. Häufig haben sie dieselbe Symbolik wie der chinesische Drache als Regenbringer. Sie sind Hüter der Schwelle, eine Tür zum Wasser des Lebens und zu geistigen oder materiellen Schätzen. Sie sind auch Beschützer des Viehs. Bei den Indianern ist die Kobra das Geschöpf des Donners und des Blitzes. Sie ist der Regenmacher, der Feind des Donnervogels und Symbol für die Ewigkeit, ein Vorbote des Todes.

Kolibri

zarte Schönheit / Süsse des Lebens / offenes Herz / Ästhetik

Wie nur wenige Vögel kann der Kolibri in der Luft stehen bleiben, während er den süssen Nektar der Blüte trinkt.

Die Süsse des Lebens soll nun auch dich anziehen. Du kleidest dich in die schönsten Gewänder. So wirst du zur schillernden Persönlichkeit und zarten Schönheit. Mit Leichtigkeit und Eleganz bewegst du dich überall, wo es schön ist und bist ganz im Moment.

Fliegt der Kolibri zu dir, so wirst du bald ein Lachen bekommen und die vielen schönen Kleinigkeiten im vermeintlich grauen Alltag entdecken. Für dich ist das Leben ein Wunderland der Glückseligkeit. Nur mit einem offenen Herzen kannst du den süssen Nektar des Lebens trinken. Deine Freude überträgt sich auch auf andere um dich herum.

Der Kolibri nimmt himmlische Musik wahr und lässt dich daran teil haben. Vielleicht ist es ein guter Moment, Konzerte oder Kunstausstellungen zu besuchen, denn der Kolibri begeistert dich für alle Ausdrucksformen der Ästhetik.

Der Kolibri weiss, dass nichts der Liebe so schadet wie die Untreue. Tritt diese auf, sollst du weiterfliegen. Eingefangen in einen Käfig stirbt der Kolibri sehr schnell. Achte darauf, ob du dich in einem Käfig gefangen fühlst. Widme dich deinen Herzensangelegenheiten, sei es in der Liebe oder in anderen Beziehungen oder Dingen, die dir einfach lieb und teuer sind. Erfreue dich bewusst an ihnen!

Tagesbotschaft
Freue dich an der Schönheit der Natur!

Kolibris sind sehr klein und tragen ein schillernd buntes Federkleid, sind jedoch keine zarten oder schwachen Geschöpfe, sondern lebenstüchtig und anpassungsfähig. Sie kamen aus dem tropischen mittelamerikanischen Raum und haben sich heute auf dem ganzen Kontinent in den feuchten Regenwäldern, aber auch den Anden verbreitet. Sie können in der Luft stehen bleiben und mit ihrem langen, gekrümmten Schnabel bei Blumen mit tiefem Kelch perfekt den Nektar trinken. Der Kolibri kann sich allerdings nicht von Nektar allein ernähren. Er braucht auch tierische

  www.ergo-beruehren-begreifen.ch

Nahrung wie Kleininsekten. Kraftreserven erfordert vor allem der Schwirrflug, bei welchem mit 50 bis 75 Flügelschlägen pro Sekunde geflogen wird. Er kann in alle Richtungen fliegen. Weil der Körper dadurch sehr stark vibriert, braucht der Kolibri ein massives, festes Skelett. Kolibris haben nicht wie die andern Vögel Luft in den Knochen, sondern Mark. Sein Herz wiegt einen Viertel des Körpergewichts und auch die Lungen sind sehr leistungsstark. Sein Körpermotor arbeitet den ganzen Tag pausenlos. Der Stoffwechsel und seine Körpertemperatur sinken nachts so stark, dass er in tiefe Lethargie fällt und gleichsam erstarrt. Hätte er bei der Nachtruhe nicht diese sogenannte Fastenstarre zum Energiesparen, würde er verhungern.

Zwischen den Blumen und dem Kolibri herrscht eine Art Symbiose. Sie helfen sich gegenseitig. So ist der Kolibrischnabel lang, schmal, dünn und röhrenförmig, um genau in den Blumenkelch zu passen. Der Kolibri landet nicht auf der Blüte, sondern bleibt mit einem Rüttelflug schwirrend in der Luft vor der Blüte stehen.

Das Brutgeschäft wird ganz dem Weibchen überlassen. Es baut das Nest schon vor der Paarung, brütet und füttert die Jungen ohne Hilfe des Männchens. Es sind nur zwei rein weisse Eier, aus denen nach 2 bis 3 Wochen nackte, schwärzliche Junge schlüpfen, die bald wie graustachelige Igel aussehen. Nach weiteren 3 Wochen sind sie flügge. Bei seinem Flug von Nordamerika nach Mittel- und Südamerika legen diese kleinen Vögel oft tausende Kilometer zurück und verlieren weder die Orientierung, noch die Lust am Weiterfliegen – es ist eine Heldenreise.

Der Kolibri scheint beim Zusammentreffen mit dem Menschen keine Furcht zu kennen. Er ist erstaunlich zutraulich oder vielmehr gleichgültig. Früher wurden viele Kolibris getötet und ihre bunt schillernden Federn verhalfen dem Hutmacherhandwerk, zu guten Einnahmen.

Während Jahrhunderten wurden in verschiedenen Kulturen Kolibrifedern für Liebeszauber verwendet, und man sagt, sie können das Herz-Chakra öffnen.

Bei den Mayas gehörte der Kolibri zur Schwarzen Sonne und zur Fünften Welt.

Bei den Schamanen, Erdenwächtern und Laikas symbolisiert der Kolibri die dritte Wahrnehmungsebene: die Seele und die heilige Wahrnehmung und schliesst die darunter liegenden Ebenen der Schlange (Materie) und des Jaguar (Geist) mit ein. Die Sprache dieser Ebene sind Bilder, Musik, Dichtung, Mythen und die Träume.

Krebs

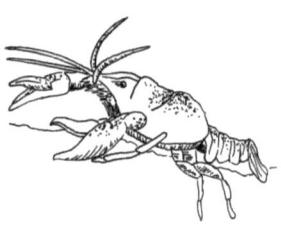

Abgrenzung / eigene Wege / in sich gehen

Einerseits ist dein Blick neugierig wie die Stilaugen des Krebses, andererseits bist du ein schüchterner Beobachter, der sich sofort in seinem harten Panzer verschanzt, wenn es dir brenzlig erscheint.

Der Krebs empfiehlt dir nun mal eine Ruhepause einzulegen, dich kontemplativ zurückzuziehen, zu meditieren und in dich zu gehen, dir selbst zu genügen. Woran hältst du im Moment zu sehr fest?

Um zu wachsen, muss der Krebs das Risiko eingehen, den Panzer weich und verwundbar zu machen. Lass auch du mehr zu, als du dir bisher vorstellen konntest. Das Risiko lohnt sich!

Wo ist der Ort, dich zu häuten und Altes, Unnützes abzustreifen?

Im Wasser, dem Gefühlsbetonten, dem Weiblichen, dort bist du vorwiegend zu Hause. Du bist weniger aussenorientiert als du zeigen möchtest. Du hast gelernt, nicht jedem zu trauen. Hast du doch einige Feinde und Neider. Im Notfall weisst du unangenehm zu zwicken und kannst damit auch jene erinnern, welche dir einen Gefallen schulden.

Dein Vorwärtskommen im Leben ist ungewöhnlich und nicht die gängige Art. Manchmal machst du einen Schritt vor und zwei zurück oder gehst seitwärts. Abschied nehmen fällt dir schwer. Du scheinst einen letzten Abschiedsgruss zu winken wie die Winkerkrabbe mit ihrem vergrösserten Zangenarm. Wie der Krebs lebst du intensiv mit den Mondphasen.

Tagesbotschaft

Vertraue, dass alles, was du gibst, in einem Vielfachen zu dir zurück kommt.

Der Fluss- oder Edelkrebs ist in ganz Europa heimisch, vor allem in langsam fliessenden Gewässern. Er stellt an diese jedoch hohe Ansprüche mit der Wasserqualität und wurde deshalb stark dezimiert. Andere Krebse findet man sowohl im Süss- als auch im Salzwasser. Für die Regulation der Pflanzen im Wasser nimmt der Krebs eine wichtige Rolle ein, weil er sich von Plankton, den kleinsten Teilchen, ernährt. Krebse sind nachtaktiv und fressen sowohl Kleintiere, Aas als auch Pflanzen. Kleinkrebse sind zudem für die Reinigung von Trinkwasser wichtig, da sie Schwebestoffe, Bakterien und Einzeller sowie in diesen gebundene Giftstoffe aus

dem Wasser der Reservoirs filtern.
Der Krebs lebt synchron mit den Mondphasen.
Er pflanzt sich ohne übliches Larvenstadium fort,
sondern wird im Ei fertig ausgebildet.

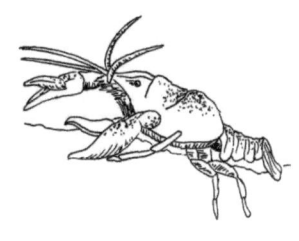

Im Mittelalter wurden Krebse in der Fastenzeit an
der bischöflichen Tafel serviert. Man fängt Krebse in
speziellen Körben, den Reusen.
Ende 19. Jh. wurde er wegen einer Pilzerkrankung fast ausgerottet. Als Ersatz führte
man ab 1890 den amerikanischen Flusskrebs ein.
In der Heraldik hat der Krebs oft Eingang gefunden. Dabei ist er vorwiegend rot
gefärbt und von oben abgebildet. Er steht dabei für Schutz.

Krokodil

Urängste auflösen / Urwissen

Als uraltes Tier kommt das Krokodil zu dir. Mit dem Besuch des Krokodils, dieses Urtieres, wird dir das uralte Wissen bewusst, welches du in dir trägst. In all den vielen Leben, die deine alte Seele schon hatte, hast du dir einen immer dickeren Panzer zugelegt. Nutze diesen Schutz auch im jetzigen Leben und lass nicht alles in dein Innerstes dringen und dich verletzen. Mit dieser Distanziertheit und Unnahbarkeit hast du dich über alle anderen erhoben, wurdest unverwundbar.
Nun frage dich, ob dieses Muster noch richtig ist oder ob der Zeitpunkt gekommen ist, es zu brechen?
Anderen gegenüber verhältst du dich zeitweise sehr bissig.

Tagesbotschaft
Geh heute in die Beobachterrolle und schnappe bei günstiger Gelegenheit zu, ohne andere zu verletzen.

Diese Panzerechse gehört zu den ganz alten Tieren und war in der Saurierzeit als höchst entwickeltes Reptil sicher lange Herr der Welt.
In Australien fand man Ritzzeichnungen mit Krokodilen, die Jahrtausende alt sein müssen.
Bis zu 7 Metern kann es lang werden und ist mit seinem stark gepanzerten Körper ein beeindruckendes und Furcht einflössendes Tier. Da es ausser dem Menschen keine Feinde hat, verhält es sich vielleicht entsprechend träge.
Es weist ein Herz mit zwei Haupt- und zwei Vorkammern auf. Die grossen Unterkieferzähne ragen auf der Seite der Oberkieferzähne heraus, besonders der vierte und grösste.
Das Nilkrokodil unternimmt weite Wanderungen und fühlt sich sowohl im seichten als auch im tiefen Wasser heimisch. Alligatoren sind dagegen lieber im seichten Wasser und im Brackwasser von Flussmündungen daheim. Dort lauern sie auf Tiere, die zur Tränke kommen. Allerdings mögen sie auch gerne Fische und Wasservögel, greifen grosse Säuger und auch den Menschen an. Der Alligator ist viel breitschnauziger. Alle Zähne greifen ineinander.
Das Weibchen legt 30 bis 50 Eier in eine selbstgescharrte Sandgrube und bewacht

diese gut. Wenn die Jungen in den Eiern zu quäken beginnen, hilft sie, die Eier zu öffnen.

In Indien werden Krokodile als heilig verehrt und oft in Tempelteichen gehalten.

Im alten Ägypten zeigen Abbildungen den Gott Sobek mit Krokodilkopf.

Krokodile wurden wie Menschen als Mumien begraben.

In der chinesischen Mythologie waren Krokodile Vorbilder für die mannigfaltigen Drachen. Bei vielen Völkern in Asien und Afrika durften Krokodile nicht getötet werden wegen dem Ahnenglauben. Es sollen ihnen Jungfrauen geopfert worden sein, die man verstorbenen Häuptlingen als Ehefrauen schicken wollte.

Kuh

Mütterlichkeit / Geben

Wie die Kuh so bist auch du die Ruhe selbst. Trotz deiner körperlichen Masse strahlst du Gemütlichkeit aus. Du lebst ganz deine Mütterlichkeit und umsorgst dein ganzes Umfeld. Vergiss jedoch nicht, dass diese Fürsorglichkeit nicht bei allen erwünscht ist und es oft wichtiger wäre, besser für dich selber zu sorgen als alles nach aussen zu verlagern. Lass dich nicht ausnutzen wie die Kuh, die ihre Muttermilch und sogar ihr Junges dem Menschen geben muss.
Bewegst du dich auf einen Höhepunkt zu (bei der Kuh die Bergflanke), vertraue auf deine Trittsicherheit und deine natürlichen Antennen, die dich Warnen, sollte ein Unwetter aufziehen.

Tagesbotschaft
Lebe heute deine mütterliche Seite, doch bedränge niemanden.

Das Hausrind ist eine domestizierte Form des eurasischen Auerochsen. Es wurde zuerst wegen dem Fleisch, später auch wegen seiner Milch und als Zugtier gezähmt. Dadurch hat sich die Anatomie in der Entwicklung verändert. Weil die Rinder ertragreich sein sollten, wurde in der Zucht der Rumpf immer länger und massiger, die Beine kürzer und das Euter grösser und meist haarlos. Der massige, muskulär starke Nacken hat sich zurückgebildet und ist nun gerade.
Jungtiere werden bis zum 7. Monat als Kalb bezeichnet. Die Jungrinder können erst gegen den 20. Monat zur Zucht belegt, also besamt werden. Nach der ersten Kälbergeburt wird das Tier als Kuh bezeichnet. Sie gibt täglich etwa 30 Liter Milch. In Amerika hat 2010 eine Milchkuh im Durchschnitt täglich fast 90 Liter Milch gegeben. Kuhrassen mit hoher Milchleistung, z.B. das Braunvieh, haben einen hohen Spiegel endogener Wachstumshormone. Neben der Milch kann eine Kuh Fleisch, Leder und Fell liefern. Die Tiere liefern Jauche, Gülle und Mist als Dünge-mittel oder als raucharmer Brennstoff.

Das männliche, geschlechtsreife Rind heisst Stier oder Bulle. Er wird entweder zur Zucht gehalten oder gemästet, bis er auf die Schlachtbank gebracht werden kann. Ein kastriertes, männliches Rind heisst Ochse. Ochsen sind gute Zugtiere. Kühe nutzen als Wiederkäuer, wie Schaf oder Kamel, das Gras viel besser als zum Beispiel das Pferd. Die Nahrung durchläuft vier Mägen (Pansen, Netzmagen, Blättermagen, Labmagen). Im Pansen wird das Gras dank vieler Bakterien zersetzt und gelangt in den Netzmagen, wo es zu Kügelchen geformt wird, welche über die Speiseröhre wieder zurück ins Maul befördert werden. Für dieses Wiederkäuen legt sich die Kuh meist hin. Dann gelangt die Masse in den Blättermagen. Dort wird ihm Wasser entzogen. Erst im Labmagen erfolgt zum Schluss die Verdauung. Die im Pansen entstandenen Gase enthalten viel Methan und werden heraus gerülpst. Dies kann in der Massentierhaltung zu ökologischen Problemen führen.

Im Regelfall haben Rinder Hörner. Bei einem Kalb kann das Hornwachstum durch einen heissen Metallstab, der auf die Hornansätze gepresst wird, verhindert werden, was sehr zu hinterfragen ist, sind die Hörner doch wichtig beim Gasaustausch, als Energieantennen und Orientierungshilfe. Hornlose Kühe stürzen in den Alpen öfters ab, müssen den Grat meiden und zeigen oft Verhaltensauffälligkeiten. Seit der vermehrten Hornentfernung ist parallel die Lactoseintoleranz bei den Menschen angestiegen.

Problematisch ist dabei auch das Zusammenleeren von Milch aus verschiedenen Gebieten. Beim herkömmlichen Käsen wird nicht nur die Milch der Kuh, sondern auch Labmagen von Kälbern benötigt.

Historisch gesehen sind die Abbildungen mit Stierkämpfen im Palast von Knossos bei Heraklion berühmt. Der Stier wurde im minoischen Kreta als heiliges Tier verehrt. Die Sage von Minotaurus wird von den Griechen überliefert.

In Ägypten war die Kuh das Tier der Göttinnen Hathor, Nut und Isis. Zu sakralen Zwecken wurden Tiere geschlachtet.

In Indien gilt die Kuh als unantastbar. Ihre Tötung wird als Mord angesehen. Schon in den ältesten hinduistischen Schriften, den Veden, wird die Kuh als Göttin verehrt. In der indischen Mythologie wurde der Gott Krishna von einer Kuh ernährt wie von einer Mutter.

Die Kuh gilt als Lebensspenderin, weil sie erstens Ghi, Butterschmalz für Speisen und die Totenverehrung, zweitens Mist als Bau- und Brennmaterial, drittens Urin als Medizin und viertens Milch in den Tee spendet.

Lama / Alpaka

Stille / Spannung / Leichtigkeit

Leise erscheint dieses stolze Tier in deiner Nähe und du darfst das weiche Fell kraulen. Es möchte, dass du dir keine Vorstellungen machst, sondern vorwärts schreitest, leicht und grazil. Jeder Schritt ist ein Schritt von etwas weg und auf etwas anderes zu. Das Ziel muss dabei nicht immer schon klar im Blick sein.

Sei wie dieses Tier sensibel, neugierig, ruhig und gelassen und dabei so hellwach, dass du mit Leichtigkeit auf Veränderungen (im Innen wie im Aussen) reagieren kannst.

Ist sich ein Burnout am Anbahnen, so hast du nun genau den passenden Begleiter gefunden. Lass dich ein auf dieses weiche Tier und lass dich von ihm führen. Du darfst die Verantwortung für einmal abgeben.

Tagesbotschaft
Entdecke deine eigenen weichen Seiten und nimm dich selber in den Arm, um dir Liebe zu geben!

Das Lama ist der Nachfahre der wilden Guanakos, die die Anden bis zum Feuerland besiedeln. Es ist grösser und stärker als das Guanako und hat besonders grosse, ausdrucksstarke Augen mit langen Wimpern. Sein Kopf ist schmal, die Ohren klein und die Fusssohlen gross.

Lamas eigenen sich auch als Lasttiere. Sie leben vor allem in kühleren Gebirgsregionen von Peru und Bolivien. Das Vikunja ist beträchtlich zierlicher. Aus ihm wurde als Haustier das Alpaka gezüchtet. Dieses wird vor allem wegen seines langen, schweren Wollvlieses und dem wohlschmeckenden Fleisch gehalten. Alpakas wirken gelassen, ruhig, sensibel, aufmerksam und neugierig. Sie beobachten alles genau, sind sehr intelligent und haben sich schon vor 5000 Jahren dem Menschen als Haus- und Nutztier angepasst.

Die Inkas züchteten grosse Herden, um Wolle zu gewinnen und Lasten tragen zu lassen. Ein Alpakamantel wurde nur von Königen getragen. Durch die Invasion der

Spanier und mit Importieren der südeuropäischen Schafe wurden Alpakas sozusagen verdrängt. Erst nach der Unabhängigkeit der Staaten kamen sie wieder in den Vordergrund.

Sie leben nun vor allem in den Anden im südlichen Peru, in kleineren Beständen auch in Bolivien, Chile und Argentinien.

In Peru ist heute die Alpakawolle das wichtigste Exportgut.

In Europa ist die Haltung von Alpakas und Lamas nun vermehrt verbreitet. Auch wurden die Tiere als geeignete Therapietiere bei Depression, Burnout und Autismus entdeckt. Sie wecken die Lebensfreude und das Vertrauen, fördern den Beziehungsaufbau, Verantwortungsbewusstsein und die non verbale Kommunikation - sie machen glücklich. Auch können Lamas gute Schafhirten sein.

Wenn sie auf Provokation und Aggression - etwa bei Rivalenkämpfen - spuken, ist ihre Treffsicherheit auf 10 Meter Entfernung ausgelegt. Es ist ein breit fächriges Spuken von halbverdautem Mageninhalt und deshalb grünlich und stinkend. Dies kommt jedoch selten vor.

Leopard

innere Kraft / Wende / Krafteinteilung / Mut

Plötzlich stehst du Aug in Auge mit dem eleganten, geschmeidigen Leopard. Vielleicht bist du im ersten Moment über seinen wachen Blick und das Muskelspiel erschrocken. Es ist ein Spiegel. Diese Leopardenkraft steckt auch in dir!
Lange hast du auf den Moment gelauert, um eine Wende in dein Leben zu bringen. Jetzt bist du bereit, hast deine Kräfte gebündelt. Hab keine Angst vor deiner eigenen ungeahnten Kraft und lerne sie gezielt einzusetzen. Geniesse die Geschmeidigkeit, mit der du dich auch im Neuen bewegen kannst.
Was ist deine erwünschte und lange beobachtete Beute auf deinem Lebensweg?

Tagesbotschaft
Lerne klare Grenzen zu setzen!

Der Leopard ist schlanker, feingliedriger als der Jaguar, aber massiger als der Gepard. Ist sein Fell schwarz, spricht man vom schwarzen Panther. Schaut man genau hin, erkennt man auch bei ihm die bekannte Musterung.
Sein grosses Verbreitungsgebiet liegt in Afrika südlich der Sahara und in Südasien. Er kann mit grosser Anpassungsfähigkeit in der Wüste, im Gebirge oder im Dschungel leben. Er ist nicht nur ein guter Kletterer, sondern auch ein guter Schwimmer.
Als ein nächtlicher Einzeljäger erbeutet er Reptilien, Vögel, kleine Säuger, mittelgrosse Antilopen und Aas. Der Leopard ist ein Meister in der Tarnung. Auf der Jagd nach einer grossen Beute versteckt er sich im Gestrüpp, dann schleicht er sich bis auf zwei Metern heran. Erst auf den letzten Metern setzt er zum Sprint an (bis 60 km/h) und teilt so seine Kräfte gut ein. Seine erlegte Beute zieht er nicht selten auf einen Baum, um sie vor anderen Raubtieren zu schützen. Dort verbringt er allgemein gerne den Tag und hat damit den Überblick. Angriffe von Leoparden auf Menschen sind kaum bekannt, da er ausserordentlich scheu ist.
Das Weibchen ist ihr halbes Leben mit ihren Jungen zusammen. Das Männchen ist Einzelgänger. Mit Kratzspuren an Bäumen markiert er sein Revier und vertreibt jeden anderen Leoparden. Sie haben getrennte Territorien, wobei sich jenes des Männchens mit Revieren von verschiedenen Weibchen kreuzt. So paart er sich

mit jedem möglichen Weibchen. Dieses hat an den 6 bis 7 geschlechtsreifen Tagen sein Territorium unruhig durchstreift und überall Duftmarken hinterlassen. Trifft es auf die Markierungen eines Männchens, wälzt es sich ausgiebig darin, so dass der Begriff von „rollig sein" passt. Die Paarung ist häufig von aggressiven Verhaltensweisen begleitet. Eine gute Woche bleibt das vorübergehende Paar zusammen, paart sich immer wieder und jagt sogar zusammen. Eine feste Geburtensaison gibt es nicht.

Die Leopardenjagd wurde bereits von Homer beschrieben. Zum Fang dienten Fallgruben und Giftpfeile. Gezähmte Leoparden kannte man in Indien, in den Diadochenstaaten und am römischen Kaiserhof. Viel später wurde sein Pelz ein begehrenswertes Handelsobjekt für luxuriöse Kleidung. Schliesslich wurde er in der Sportjagd durch Grosswildjäger verfolgt (heute noch). Dorfbewohner in landwirtschaftlich genutzten Gebieten, in denen Leoparden existieren, sind keine Freunde der gefleckten Katze, weil diese ihre Haustiere jagt.

In verschiedenen Kulturen wird die Scheu und Seltenheit des Leoparden betont und teils auch mystifiziert. Mal war er Symbol von Eleganz und Kraft, mal das Zeichen von Sünde und Wollust. In vielen Kulturen wurde er für Herrscher und Krieger wichtig, weil er für Mut, Gerissenheit und Stärke stand. Bei einigen Indianerstämmen blieb so sein Fell dem Häuptling vorbehalten. Die ägyptische Mythologie stellt den Gott Osiris mit einem Leopardenfell bekleidet dar.

In chinesischen Fabeln und Märchen wird er mutig und kriegerisch charakterisiert und positiv bewertet. Bis heute erhielt sich die kämpferische Symbolik, was sich z.B. in heutigen Namen von Kampfpanzern zeigt.

Bei den Christen ist seine Bewertung zunehmend negativ. Er gilt als Ausgeburt der Schande, weil die Offenbarung des Johannes ihn sogar in direkten Bezug zum Antichrist bringt (Kapitel 13, Vers 2). Woher diese Abneigung gegen den Leoparden rührte, ist nicht eindeutig festzustellen. Die Verfolgung der frühen Christen, die zum Beispiel im römischen Kolosseum mit wilden Tieren, darunter wohl auch Leoparden, kämpfen mussten, mag zu seinem negativen Bild in der frühen Christenheit beigetragen haben.

Der Schneeleopard, der den kirgisischen Titel „Geist der Berge" trägt, wird auch von Naturschutzorganisationen als Symbol gebraucht. Sein Fell ist heller, fast weiss. Heute gibt es nur noch etwa 1000 Kaukasus-Leoparden in freier Wildbahn. Die spezielle Zeichnung des Leoparden schlägt sich nieder in der Pflanzen- und Tierwelt: z.B. Leopardenlilie oder Leopardenhai.

Libelle

Metamorphose / Wahrnehmung / Phantasie/ Zugang zur Feenwelt

Diese schillernde Persönlichkeit schwirrt in dein Leben, um dich zu erinnern, dass das Dasein sehr facettenreich ist und du lernen sollst, dies wahrzunehmen. Sie hat eine enge Verbindung zur Feenwelt und erinnert dich, dass du immer eine gute Fee an deiner Seite hast, die dir hilft, deine klar formulierten Wünsche zu verwirklichen. Dadurch können wir wie die Libelle manche Metamorphose durchleben.

Lass in deiner Gefühls- und Phantasiewelt Elfen, Feen und Zwerge tanzen. Die Libelle bringt dir Botschaft aus der Elementarwelt. Die menschliche Realität ist nur Sinnestäuschung. Es gibt viele Wahrheiten und Wahrnehmungsmöglichkeiten. Die Libelle will, dass wir eigene Wahrheiten ausdehnen.

Habe Mut, durch ständiges Neueinschätzen des Lebens Veränderungen zuzulassen. Eine blockierte Wahrnehmung hat die Ursache in der Angst. Die Libelle zeigt Ängste auf. Tauche ein in vergessene Sümpfe und behindernde Glaubenssätze, um sie zu entlarven. So wird dein Wesen leichter und schillernder.

Tagesbotschaft
Öffne dich dem Wandel der Zeit!

Sitzen Libellen am Ufer an einem Schilfhalm, sind sie oft kaum auszumachen. Die bunt schillernden Männchen fallen jedoch bei ihrem eigenartigen Flug zur Verteidigung des Reviers auf. Sie sind mit ihren vier Flügeln geschickte, Tag aktive Jäger, pfeilschnell und gut manövrierfähig.

Mit 50 km/h ist die Libelle das schnellste fliegende Insekt.

Im Vergleich zu anderen Insekten haben Libellen sehr grosse Facettenaugen. Sie sind aus vielen tausend Einzelaugen zusammengesetzt. Jedes davon bildet nur einen winzigen Teil der Umgebung ab.

Nach dem Balzflug und anschliessenden Balztanz legt das Weibchen die Eier ins Wasser oder in Schilfhalme. Bei der Paarung im freien Flug greift das Männchen das Weibchen mit seinen Hinterleibszangen hinter dem Kopf, während das Weibchen seinen Hinterleib weit vorbeugt, um die Samentaschen zu erreichen. Dies wird das Paarungsrad genannt. Die Larven sind ebenfalls Jäger, leben im schlammigen Wassergrund und klettern ausgewachsen an Land auf einen Stängel und fliegen als Libelle davon. Je nach Art häuten sich die Jungfern bis zu 10-mal, ehe sie aus den Larven schlüpfen.

Libellen gelten als Naturgeister und Botinnen der vier Elemente. Sie haben eine ganz eigene Entwicklung durch die Erde, ins Wasser und von dort durch die Luft und schliesslich ins Licht gemacht.

Laut Volksglauben sollen sich die Seelen Verstorbener in Libellen verwandeln, um in den Himmel aufzusteigen. Die Vorstellung existiert auch, dass Feen und Elfen auf ihnen fliegen können, wie das englische Wort für Libelle „dragonfly"/„Drachen-flieger" andeutet. In Japan wird sie als Glücksbringer geliebt.

Löwe

Autorität / Charisma

Der Löwe stellt dir seine natürliche Autorität zur Verfügung. Du bist bereit, eine Führungsfunktion, Führungsaufgabe kompetent auszufüllen und dich in der Gruppe zu behaupten und mit Klarheit aufzutreten.

Entdecke die Fähigkeiten eines „Alpha"-Tieres in dir, ohne dein Umfeld zu unterdrücken. Es könnte dich sonst deinen Arbeitsplatz oder dein Zuhause kosten.

Pass aber auf, dass du nicht Freundschaften und Hilfe missbrauchst, indem du alle für dich arbeiten lässt ohne Anerkennung und Dankbarkeit. Dein Selbstwertgefühl ist stark und lässt sich jetzt nicht mehr erschüttern. Du handelst nicht aus Angst, sondern hast den Mut, ganz neue Vorschläge und Ideen einzubringen. Mit dem Löwen an deiner Seite denkst und handelst du für das Grosse und Ganze. Entwickle deine Sinne jetzt immer weiter, um auf den Level des Löwen zu gelangen.

Tagesbotschaft
Entwickle deine eigene Meinung und steh dazu.

Es gibt noch fünf Unterarten von Löwen in Afrika, obwohl ihr ursprüngliches Verbreitungsgebiet auch in Europa und Nordamerika war. Am meisten Löwenfunde in Europa vor der letzten Eiszeit sind eiszeitliche Höhlenlöwen.

Diese starben dann aus.

Löwen haben viel feinere Sinne als wir. Ihr Gehör ist besser als das vom Hund. Dank der sehr beweglichen Ohren können bis zu 60 kHz gehört werden, welche für das Orientierungshören wichtig sind. Die Kommunikation läuft mittels mimischen Ausdrucksbewegungen.

Der Löwe ist die geselligste aller Grosskatzen. Er lebt in Rudeln von 3 bis 10 Weibchen, deren Jungen und einer Bruderschaft von zwei bis drei Männchen.

Die Weibchen jagen bei den Löwen im Rudel, während die Männchen im Schatten scheinbar dösen. Erbeutet werden vor allem grosse Huftiere wie Gazellen, Zebras, Antilopen, grosse Nager, Giraffen, Wildschweine und sogar junge Elefanten oder Kaffernbüffel. Die meisten Beutetiere sind schneller und grösser als der Löwe, weshalb er sich anschleichen muss. Er benötigt 5 bis 10 kg Fleisch pro Tag, dies jedoch nicht immer, sondern alle 3 bis 4 Tage eine grosse Portion.

Das Brüllen des Löwen dient der Reviermarkierung und gibt den Löwinnen Sicherheit. In diesem Sinne findet er sich als „König der Tiere" in Wappen und Flaggen, in den Namen von Herrschern, auf Monumenten, in Religionen als Löwengott und Löwengöttin. Das Symbol des Evangelisten Markus ist der Löwe. Unzählig sind die Geschichten und Legenden vom Löwen.

Luchs

Unauffälligkeit / Kraftorte kennen

Nur einen kurzen Moment erhaschst du einen Blick auf den scheuen Luchs. Gelingt dir dies, hat er dir eine besondere Botschaft. Auch du bist scheu und meidest grosse Menschenansammlungen, Parties, grosse Veranstaltungen. Am liebsten schleichst du allein durch Quartiere und Wälder, beobachtest genau. Du suchst ruhige Kraftorte auf, die du dank dem Luchs ganz einfach findest und erspürst.

Du jagst weniger Nahrung, sondern vielmehr Neuentdeckungen in deinem Innern. Es kann uraltes Wissen sein, das wie Inseln aus der Einheit des Sees des Unbewussten auftaucht. Scheue deine Schatten nicht und schreite ruhig hinein. Erobere und entdecke sie und mache nutzbar, was auf deinem weiteren Weg hilfreich ist. Vielleicht sind Beobachtungen dabei, die du bisher nicht mal erahnt hast.

Der Luchs zeigt dir, wie du dich ihnen auf samtenen Pfoten näherst, so dass du sie dir einverleiben kannst.

Tagesbotschaft
Lass Altes los und öffne dich für Neues!

Der Luchs wurde vom Menschen fast ausgerottet und siedelt sich erst jetzt wieder langsam bei uns an. Für sein Revier benötigt er 1'000 bis 10'000 ha Land. Er ernährt sich von fast allen Säugetieren, von der Maus bis zum Junghirschen. Weil er nur kranke und lebensuntüchtige Tiere nimmt, ist er ein wichtiger Gesundheitsregulator der Natur.

Ein Luchs kann einen Hasen aus 300 Metern Entfernung entdecken.

Scheu wie er ist, meidet er den Menschen und lebt in Ruhe und Abgeschiedenheit. Als guter Kletterer sitzt er gerne auf dem höchsten Stein oder Ast und hält Ausschau. Dank den grossen, kräftigen Pfoten, dem ausgezeichneten Hörsinn und den scharfen Adleraugen ist er ein erfolgreicher Jäger.

Typisch für diese grösste einheimische Katzenart sind die Haarbüschel und der Stummelschwanz.

Leichte Exemplare werden 20 kg schwer, sehr schwere Tiere 40 kg. Sie erreichen ein Alter von 12 bis 14 Jahren.

Maulwurf

Erdverbundenheit / Handicap als Chance

Schaufelt der Maulwurf einen Erdhaufen zu deinen Füssen, zeigt er dir den Weg zur Mutter Erde.

Nimm ein Handicap (wie die Blindheit des Maulwurfs) nicht als Vorwand, dass du nichts Grosses erreichen kannst, sondern erinnere dich an all die anderen Sinne und setze sie umso gekonnter ein!

Keine Angst vor der Dunkelheit! Finde das Licht in dir, so dass du aussen nicht danach streben musst. Dank dem Maulwurf kannst du nun die Verbindung mit Mutter Erde bewusst wahrnehmen, ihre Urkräfte nutzen und ganz bodenständig werden. Schaufle deinen Weg frei und lasse dich von deiner Intuition führen!

Beobachte und erforsche deine eigenen Hände. Wie stark sind sie? Zu welchen Taten sind sie fähig? Und wie möchtest du diese nutzen?

Vertraue ihrem Feingefühl, ihrer Kraft und Ausdauer. Der helle Schein blendet dich nicht, wenn du ans Licht kommst, denn du weisst dank dem Maulwurf um den Urinstinkt deines tiefsten Inneren.

Maulwürfe sind bekannt als gute Verwalter, dies von materiellen Gütern, aber auch von inneren Werten. Nutze dies im Moment der Maulwurfsbegegnung!

Tagesbotschaft

Wo siehst du dein Handicap? Hast du dir schon mal überlegt, warum du dich damit auseinandersetzen musst? Und behindert es dich wirklich?

Sein dunkles, samtartiges Fell, die winzigen Augen und der walzenförmige Körper mit spitzer Schnauze und Tasthaaren sind sein Merkmal. Früher war das äusserst feine Fell, das schmutz-& wasserabweisend ist, des Maulwurfs beliebt für Mäntel. Es brauchte allerdings 1000 Felle, was das Tier stark dezimierte. Die Haare haben keine bestimmte Richtung, wodurch sich der Maulwurf problemlos durch Gänge vor/zurück bewegen kann. Um sich zu drehen, kann er sogar einen Purzelbaum vollführen.

Die Vorderfüsse sind schaufelartig und gross. Seine Schaufelhände sind für Säugetiere einmalig, vor allem die Gelenksfunktion des Oberarmes. Er gräbt bis zu sieben Meter in einer Stunde. Überschüssige Erde wird in Haufen an die Oberfläche befördert. Dies lockert den Boden enorm, auch wenn die Haufen bei der

 www.ergo-beruehren-begreifen.ch

Ernte mühsam sein können. Alle seine Merkmale zeigen die perfekte Anpassung für seine Arbeit in der Erde. Das Gangsystem dient als Pirschpfad, von wo aus der Maulwurf als reiner Insektenfresser Larven, Würmer und Schnecken einsammelt.

Er kann die elektronischen Reize seiner Beute ausmachen. Es fehlen ihm jedoch die Ohren.

Er vertilgt einige Schädlinge bei den Pflanzenwurzeln. Pro Tag vertilgt er 100% seines Eigengewichtes. In Vorratskammern hält dieses kleine Tier bis zu 1,5kg lebende Regenwürmer für harte Wintertage. Damit diese nicht fliehen können, beisst er ihnen den vorderen Körperteil ab.

Sein hochentwickeltes Geruchs- & Tastsystem (in der Rüsselnase fünfmal so viele Nervenzellen wie in der menschlichen Hand) lässt ihn im Dunkeln optimal navigieren und es heisst nicht umsonst „blind wie ein Maulwurf". Ihr Sehvermögen ist sehr eingeschränkt und sie können lediglich Hell-Dunkel-Kontraste wahrnehmen. Der Maulwurf hat einen 4-Stunden-Rhythmus: jagen, graben, schlafen. Dabei polstern sie die Schlafkammer liebevoll mit Moos und anderen flauschigen Teilen aus. Sie halten keinen Winterschlaf.

Maulwürfe sind hervorragende Schwimmer, meiden aber eigentlich den Kontakt mit Wasser. Die Lungen machen einen Fünftel seines Gewichtes aus, weil der Sauerstoffgehalt unter der Erde nur bei ca. 6- 8% liegt (oberirdisch 21%).

Maus

Perfektion / Genauigkeit / ins Detail gehen / Anspruchslosigkeit

Die Maus möchte deine Aufmerksamkeit auf das Kleine und Unscheinbare lenken. Nun sollst du Details prüfen, um bei deiner Umsetzung von Zielen nicht daran zu scheitern. Ordnung soll in Gefühle, Gedanken, aber auch Finanzen kommen. Konzentriere dich auf das Wesentliche und schweife nicht ab. Sei achtsam und wachsam! Bist du der Maus in der Natur begegnet, soll dein Fokus mehr auf deine Emotionen fallen. War sie in deinen Vorräten, so geht es um deine finanzielle Situation. Sei anspruchslos und pass dich an.
Hast du Ekel vor der Maus, so ist vielleicht die Mauskraft zu stark und du bist zu pingelig oder du weigerst dich genau zu sein.
Die Maus hilft dir Probleme aufzulösen, die an deinem Unbewussten genagt haben. Sie zeigt dir geheime Wege aus einer verfahrenen Situation.

Tagesbotschaft
Freue dich an den Kleinigkeiten deines Alltags und gib diese Freude weiter.

Die Maus gehört zur riesigen Familie der Nager und weist an ihrem Schwanz max. 180 Schuppenringe auf. Früher lebte sie in den Steppen. Allein die Gruppe der echten Mäuse umfasst 1200 Gattungen mit 460 Arten. Dabei gehört sie zu den jüngsten Tieren auf dem Planeten.
Die Hausmaus hat sich weltweit verbreitet, stammt ursprünglich aus Asien. Vermutlich kam sie mit dem Getreideanbau von Iran via Nordafrika nach Spanien und schliesslich zu uns. Sie hat ein weit verzweigtes Netz von Gängen, Schlupfwinkeln und Nestern.
Mäuse sind Allesfresser und halten sich gerne in den Vorräten von menschlichen Behausungen auf. Dort zernagen sie Wände, Türen, Möbel, Bücher sowie Vorräte aller Art. Bei manchen Mäusen umfasst ihr Aktionsradius nur wenige Quadratmeter. Dieses Gebiet markieren sie mit ihren Duftmarken. Mäuse sind ausgesprochene Nasentiere. Neben ihrem hervorragenden Geruchssinn haben sie einen ausgeprägten Tastsinn und ein empfindliches Gehör. Ihre Wachsamkeit ist besonders wichtig, da sie ein beliebtes Beutetier sind. Sie können kleinste Veränderungen

wahrnehmen. Dank ihrer Eigenschaften überleben sie leicht. Mäuse sind flink, scharfsinnig und vorsichtig, aber auch verschlagen und listig. Ihre Perfektion und Anspruchslosigkeit ist hervorzuheben. So können Mäuse gar in Kühlhäusern ihre Jungen bei minus 10 Grad Celsius grossziehen.

Mäuse leben in kleinen Verbänden und machen gegenseitige Fellpflege. Bei zu grossem Bestand gibt es eine natürliche Geburtenregelung. Weibchen werden dank der grossen Sensibilität dann unfruchtbar.

Die Maus läuft, klettert, springt und schwimmt. Vor allem die Haselmaus ist ein besonders gewandter Kletterer. Sie mag lieber Getreide, Beeren und Nüsse als Käse.

Mäuse rufen bei Menschen immer wieder konträre Reaktionen hervor. Bekanntlich schreien manche Frauen bei ihrem Anblick laut auf und flüchten. Andere hassen sie wegen ihrer enormen Schäden, die sie in der Landwirtschaft und im Garten verursachen. Liebend gern sehen die Kinder sie als Spielzeug in allen Formen. In Kindergeschichten erhalten sie menschenähnliche Züge. In der Mythologie galt die Maus als Versteck für eine Menschenseele.

Motte / Schabe

Weg ins Licht / Reinigung

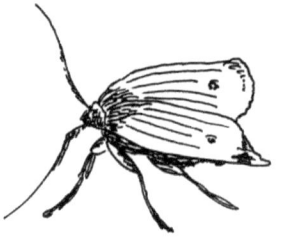

Fliegt die Motte zu dir, geht es um Alltägliches. Das sollst du überfliegen und fragen, was du erledigen musst. Etwas benötigt deinen Zuspruch und deine Hilfe. Es ist vermutlich etwas Unscheinbares, das vor sich hin vegetiert und nur auf deine Entdeckung wartet. Alles, was zu deinem Leben gehört, braucht auch deine Fürsorge. Durchforste deine persönlichen Dinge. Pflege, was dir etwas wert ist. Und miste aus, was du nicht mehr brauchst. Der Mottenbefall in Kleidern, Textilien oder Nahrung zeigt Lücken in den Bereichen der Lebenskraft, Liebe und Finanzen auf. Wo ist der „Wurm" drin?

Weil sie oft mit dem Essen ins Haus gelangt, fragt sie dich auch, ob du nicht zu viel hortest und an Altem sowohl von der stofflichen als auch der feinstofflichen Welt festhältst. Die Motte möchte dich einladen, dein Umfeld, in dem du lebst, einer genauen Prüfung zu unterziehen. Welche Personen leben mit dir und wie fühlst du dich mit ihnen? Ist dein Zuhause frei von alten belastenden Energien? Welche materiellen Gegenstände sind unnütz geworden und können ausgemistet werden? Nur durch das Säubern und Reinigen können im Bewusstwerdungsprozess Veränderungen wahrgenommen, angenommen, integriert und letztlich durch Transformation und Vergebung losgelassen werden.

Mit deiner Art kannst du Schäden hinterlassen und machst dir nur wenige Freunde. Wie die Motte so bist du auf dem Weg direkt ins Licht.

Doch pass auf, dass du dich bei dieser Schnelle nicht verbrennst! Und lass dich nicht von andern Lockstoffen ablenken, denn sie sind deine tödliche Falle.

Tagesbotschaft
Ordne deine persönlichen Angelegenheiten und miste Unnötiges aus.

Im weitesten Sinn gehören Motten zu den Schmetterlingen und sind bereits seit den Assyrern belegt. In fast allen Ländern sind Motten als Vorrats- und Materialschädlinge bekannt, gefürchtet und verfolgt. Schaden fügen allerdings nur ihre Maden zu, welche nach der Eiablage mit grossem Hunger fressen, z.B. Kleidermotte, Pelzmotte, Tapetenmotte. So machen sie erhebliche Schäden bei Wollstoffen, Pelzen,

Fellen, Teppichen oder Tapeten.
Die ausgeschlüpften Raupen bauen röhrenförmige
Behausungen aus abgenagter Naturfaser. Die
Kornmotte wiederum legt Eier in Verpackungen
in Vorratsschränken von kohlenhydatreicher
Nahrung. Nur bei dicht verschliessbaren Blech-,
Glas- oder Hartplastikgefässen werden sie fern-
gehalten.
Ansonsten bauen sie mit klebrigen Spinnfäden aus
Nahrungsmitteln röhrenförmige Behausungen.

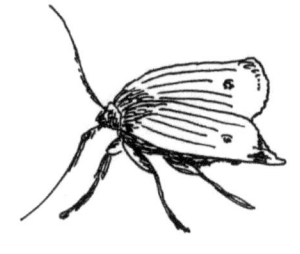

Die Motten haben einen sehr guten Geruchssinn. Paarungsfähige Weibchen
geben Lockstoffe ab. Diese nutzt man, um die Schädlinge zu fangen. Ätherische
Öle von Zedern- und Sandelholz, Lavendel und Zitrone gehören dazu, eine klebrige Fläche als Falle. So gehen sie dem Menschen „auf den Leim" und sterben.

Möwe

Kriegergeist / Flieger

Kreist die Möwe kreischend und Aufmerksamkeit heischend über dir, schau hoch und entdecke die Weite des Himmels. Die Möwe nimmt dich mit zu neuen Horizonten. Sie weckt aber auch den Kampfgeist in dir und zeigt dir, dass du deinen Platz in der Gruppe finden kannst. Dabei muss nicht immer alles nur harmonisch zu und her gehen. Man darf auch mal streiten und sich reiben, um sich danach versöhnen zu können.

Tagesbotschaft
Lerne zu streiten – aber immer mit Fairness!

Meist halten sich Möwen küstennah auf, können aber ganze Weltmeere überqueren. Ihre Familie findet Verbreitung über die ganze Erde, verteilt bis hin zu extremen Klimabereichen.
Möwen haben eine starke Bindung zum Wasser, was ihnen weltweit ihr Gepräge gab. Mit ihren langen Flügeln sind sie unglaublich gute Flieger, hervorragende Segler und Rüttler. Zugleich sind sie aber auch vorzügliche Schwimmer. So wie ein schwimmender Korken können sie die Nacht auf dem Wasser verbringen.
Möwen sind Allesfresser und damit auch Aufräumer. Neben jeglichem Aas und Küchenabfällen von Schiffen sind besondere Leckerbissen Sandwürmer sowie Eier und Küken von Meeresvögeln. Aber auch Beeren und Obst mögen sie gerne. Teils sind sie richtige Kulturfolger und holen sich auch Nahrung aus der Landwirtschaft, vor allem Regenwürmer nach Pflugarbeiten der Bauern.
Meist nisten Möwen in Kolonien. Oft gehen sie eine Dauerehe ein, obwohl es auch zu Paarwechseln kommen kann, welche starke Auseinandersetzungen mit sich ziehen. Die 2 bis 3 Eier sind cremefarben bis gelblich und werden von beiden Elternteilen bebrütet und nie aus den Augen gelassen. Sind die Jungen geschlüpft, werden sie mit ausgewürgter Nahrung ernährt. Die Jungen bringen lebenswichtige Verhaltensweisen wie Feindvermeidung oder Nahrungserwerb mit auf die Welt. Die Eltern sind dadurch weniger „Lehrer" als eher „Babysitter". Ein starkes Wettbewerbsverhalten untereinander fördert ihre Entwicklung.
Möwen sind gesellig und stimmbegabt.

Sie sind grob gebaut und weisen wie die Enten Schwimmhäute zwischen den Zehen auf. Kopf, Schwanz und Unterseite sind meist strahlend weiss.
Möwen sind meist standorttreu und lassen sich kaum umsiedeln. Die Lachmöwe ist im Mittelmeerraum und bis nach Island zu finden. Sie zeichnet sich durch ihr lautes, lachendes Kreischen aus. Sie sind ein beliebtes Fotosujet, werden von Künstlern gemalt, auf TShirts gedruckt und in Romanen verewigt. Bekannt ist die „Möwe Jonathan" von Richard Bach in millionenfacher Auflage. Weniger geschätzt wird ihr Geschrei und ihr Kot.

Nilpferd

Stehvermögen / Vertrauen / Urkraft / Ruhe

Als Kultobjekt begegnet dir das Nilpferd in Höhlenzeichnungen und Tonfiguren. Es macht dich aufmerksam auf seine Kraft und Ruhe. Vielleicht brauchst du seine Dickhäutigkeit. Tauche immer wieder ins Wasser deiner Gefühlswelt, in dein Inneres deiner Weiblichkeit. Wie das Wasser reinigt die Spiritualität dein Leben. Du kannst dich im Wasser entspannen und auf der Erde überaus aktiv deine Nahrung suchen. Mit seiner Masse wirkt das Nilpferd gutmütig. Du lässt dir aber nicht alles gefallen. Stellt sich deinem Nilpferd etwas in den Weg, kann es eine ungeheure Energie entfalten. Beherrsche aber deine Aggression und halte sie unter Kontrolle. Ist etwa deine Sexualität ungebändigt? Die Balance zwischen Gefühlen und Verstand bewahrt dich vor Unglück. Prüfe deine Stabilität im Fluss des Lebens. Wann ist es Zeit zum Handeln, wann ist es Zeit zum Fühlen? Fasse Vertrauen in dich. Die Liebe zu dir und deinem Nächsten verschafft dir eine einmalige Sicherheit.

Tagesbotschaft
Gib dir Liebe und nimm dich an, wie du bist, damit du teilen lernst.

Das Nilpferd mag insbesondere verunreinigtes Wasser und markiert es auch ausgiebig mit seiner eigenen Kotduftnote. Der kleine Schwanz ist dabei sein „Parfumzerstäuber" und kreist wie ein Propeller. Auch bei Revierkämpfen unter den Bullen geht es darum, wer mehr Urin und Kotsalven verteilen kann. Mag er sein Riesenmaul mit den grossen Hauern noch so aufreissen, derjenige ist unterlegen, dem die „Duftreserven" zuerst ausgehen. Bei der Brunft sprechen jedoch Kämpfe mit den gewaltigen Hauern das letzte Wort und hinterlassen meist starke Verwundungen. Das Weibchen wird vom Gewinner wieder mit einer Salve zerstäubter Exkremente begrüsst.
Sowohl die Paarung als auch die Geburt und das regelmässige Säugen des Jungen findet im Wasser statt. Das frischgeborene Nilpferdchen ist nach den 8 Monaten Tragezeit kaum grösser als der Kopf seiner Mutter.
Entgegen ihrem Namen stehen Flusspferde dem Schwein näher als dem Pferd.

Der Fuss ist durch vier Zehen geprägt. Kopf, Hals und Rumpf sind wie beim Schwein eine Einheit und gut in Fettschichten verpackt. Die Augen sind klein und beim Nilpferd in gewölbte Gruben gelegt. Auch die Nasenlöcher sind vorgewölbt. Die Oberlippe hängt polsterartig über der Unterlippe. Nilpferde brauchen das Wasser, führen ein amphibisches Dasein und haben deshalb keine Behaarung. Sie sind empfindlich auf Trockenheit und Kälte. Bieten die Gewässer genügend Pflanzennahrung, kommen sie kaum an Land. Wenn sie sich doch länger an Land aufhalten müssen, sondern Drüsen einen weinroten Schleim ab. Das Flusspferd bevorzugt seichtes Wasser als Aufenthaltsort, obwohl es auch ausgezeichnet schwimmen und sich gar im Meer aufhalten kann.

Als Gruppe reicht ihnen ein kleiner Teich aus, in welchem sie im Schlamm Gruben wühlen und diese mit Laufwegen im Wasser verbinden. So können sie bei Gefahr gleichwohl bei niedrigem Wasserstand schnell abtauchen.

Einzig das Zwergflusspferd meidet wenn möglich das Wasser, vor allem in der Regenzeit, und sucht Zuflucht im nahen Urwald, obwohl es ebenfalls gut schwimmt und taucht. Im Unterschied zum Nilpferd ist es lieber einzelgängerisch unterwegs. Es wurde beinahe ausgerottet und wird heute vor allem in Schutzgebieten angetroffen.

Octopus / Krake / Tintenfisch

Allumfassendes / Festhalten

Spürst du den Kraken bei dir auftauchen, dann will dich dieses urtümliche Wesen in die Tiefe ziehen, um dir die Angst vor der Dunkelheit und der Einsamkeit zu nehmen. Schubartig ist deine Entwicklung und vieles wird greifbar, wenn der Tintenfisch bei dir auftaucht.

Lass dir deine Sicht durch ihn nicht trüben, wisse aber dank ihm, dass du nützliche Waffen hast. Mit den vielen Fangarmen kannst du vieles fassen. Du musst aber überlegen, was du besser wieder loslässt und wo es sich lohnt festzuhalten.

Tagesbotschaft
Tauche heute ab in die Tiefen deines Unbewussten und suche auch dunkle Höhlen auf, um Licht hineinzubringen.

Der Tintenfisch ist ein Kopffüssler und nur in den Meeren zu finden, dort ist er jedoch seit mehr als 500 Millionen Jahren heimisch. In den letzten Jahren sanken die Bestände in wilder Laufbahn, doch der Mensch will immer mehr Pulpo verzehren. Dadurch entstand nun die erste Octopus-Farm als Massentierhaltung auf Gran Canaria durch den grössten Fischereikonzern „Nueva Pescanova". Laut einem Bericht von Compassion in World Farming (CIWF) gibt es bisher keine anerkannte Methode, um das Schlachten von Kraken respektvoll durchzuführen. Die üblichen Praktiken in der Fischerei, wie das Durchtrennen des Gehirns oder das Schlagen ihres Kopfes auf harten Untergrund, lassen auf das Leiden dieser intelligenten Tiere schließen. Die Tiere nehmen Schmerzen nämlich sehr wohl wahr und können sogar aktiv Situationen meiden, die dazu führen. Rasch wirksame Methoden zur Betäubung müssten erst noch entwickelt werden. Fair-Fish, eine Tierschutzorganisation, die sich wissenschaftlich mit den Bedürfnissen und Verhaltensweisen von Tieren in Aquakulturen auseinandersetzt, betrachtet auch die Haltung empfindsamer Tiere mit Skepsis. Das Züchten von Octopussen ist also sowohl aus ehtischen, als auch ökologischen Gründen eine schlechte Idee. Es besteht kein Zweifel daran, dass die empfindsamen Tiere sowohl in Farmen als auch beim Fang auf hoher See für den Verzehr ihres Fleisches leiden.

Der Octopus bewegt sich am Meeresgrund und ist ein räuberischer Fleischfresser (Fische, Krebse, Schnecken, Muscheln). Sein Kiefer hat sich zu einem kräftigen, hornigen Papageienschnabel umgewandelt, so dass er auch grosse Fische am Kopf glatt durchbeissen kann, zudem knackt er Muschelschalen.
Typisch sind seine acht bis zehn Fangarme mit Saugnäpfen. Der Saugnapf aus seinem elastischem Material wird an eine glatte Fläche gedrückt, so dass im Hohlraum Luft entweicht und ein Unterdruck entsteht. Der Druck der Umgebung hält beide Körper zusammen. Es scheint, als handle es sich um eine Saugwirkung. Der Krake hat hoch entwickelte, grosse, funkelnde Augen, die sehr funktionstüchtig sind. Sein Rumpf ist kegelförmig mit einem Mantel. Dazwischen befinden sich zwei oder vier Kammkiemen. Die Mantelhöhle mündet an den Kopf mit einem verschliessbaren Querspalt, durch welches das Atemwasser aufgenommen wird. Der Ausstoss erfolgt durch eine muskulöse Röhre, einen Trichter im Fuss. So entsteht eine Art Düse, welche ein pfeilschnelles Rückstossschwimmen ermöglicht. Dieses besondere Meerestier hat drei Herzen. Es kann sich in Sekundenschnelle an seine Umgebung anpassen.

Das Weibchen ist in eine zarte, papierdünne Schale beim Beinpaar gehüllt. Es bildet den Brutraum. Die Männchen sind schalenlos und haben an Stelle des 8. Armes an der linken Körperseite ein birnenförmiges Säckchen mit Sperma drin. Dieser Geschlechterarm löst sich vom Tier und schlängelt selbstständig wie ein Wurm durch das Wasser, bis er auf ein Weibchen trifft und in seine Mantelhöhle eindringen kann. Der Krake vermehrt sich in freier Wildbahn nur ein einziges Mal im ein- bis zweijährigen Leben. Die Fortpflanzung bedeutet bei ihnen gleichzeitig sterben, denn dann baut sich das Immunsystem ab oder sie verhungern.

Panda

Verspieltheit / Gemütlichkeit / Scheu

Der Pandabär möchte dich ermuntern, deine kindlichen, verspielten Seiten zu entdecken. Er ist ein drolliger, liebenswürdiger Kerl. Den Panda muss man einfach gern haben. Er schmiegt sein kuscheliges Fell an dich und fordert dich auf zum Spielen, damit du dein inneres Kind nicht vergisst.
Lass es zu dir sprechen.
Beim Rumtollen kannst du alles Alte loslassen und dich ganz dem Spiel hingeben. Der Panda zeigt dir, wie du zum Geniesser wirst, auch wenn du deine Kost auf das Einfachste reduziert hast und Vegetarier bist. Diese Genügsamkeit macht dich friedfertig und zufrieden mit dir und anderen. Kaue lange und verdaue dadurch Dinge, die dir im bzw. auf dem Magen liegen.
Er strahlt ganz viel Behaglichkeit aus, die sich auf dich überträgt.

Tagesbotschaft
Gib dich heute dem Spiel hin und lausche auf dein inneres Kind.

Obwohl der Grosse Panda ein kleines Verbreitungsgebiet hat, nämlich in den Bambuswäldern im Hochgebirge von Osttibet und Setschuan, ist er weltweit bekannt.
Der Schwanz ist bei allen nur ein Stummel. Ihre kontrastreiche Schwarz-Weiss-Färbung ist ihr Merkmal. Die Gründe für diese auffällige Färbung sind nicht abschliessend geklärt. Zur Debatte stehen Tarnung, Temperaturregulation oder Abschreckung von Feinden. Um die Augen herum hat er fast kreisrunde schwarze Flecken. Die Nasenspitze ist ebenfalls schwarz. Ein weiteres Merkmal dieses Bären ist die Verlängerung eines Handwurzelknochens zu einer Art Daumen, womit der Panda besser greifen kann.
Der Panda ist ausserordentlich scheu. Er bahnt sich im Bambus feste Wechsel wie überwölbte Tunnels. Er trottet bärenartig mit stark einwärts gedrehten Beinen. Der Kopf ist dabei meist tief gesenkt. Er ist vorwiegend ein Boden- und Tagtier.
Die Pandajungen sind nur rattengross (90 bis 130 Gramm schwer), blind, rosa,

fast haarlos und stark unterentwickelt. Ihr Gewicht entspricht bloss 0,1% dem Gewicht ihrer Mutter. So muss diese das Kleine ständig schützen und wärmen. Es macht aber mit einem lauten Quäken auf sich aufmerksam. Interessant ist, dass das Neugeborene noch einen langen Schwanz hat.

Im Chinesischen nannte man ihn „Bär-Katze", das chinesische Wort hat jedoch keine Ähnlichkeit mit dem Wort Panda. Er wurde erst 1869 entdeckt und bereits 1939 unter strengen Artenschutz gestellt.

Der Pandabär wurde zum Symbol des WWF, weil sich die Organisation den Artenschutz auf die Flagge geschrieben hat.

Papagei

Kreativität / Farbigkeit / Partnerschaft / Lebenslust

Du trittst gerne schrill auf, erregst Aufsehen mit deinem Äusseren und pflegst dich sehr. Vielleicht ist dies ein Grund, dass du als oberflächlich giltst. Farbenfroh, verspielt und kreativ gehst du durchs Leben, wenn dich der Papagei beim Namen ruft. Du bist dir der Wunder der Schöpfung bewusst und kostest alle Farben des Regenbogens aus. Mit diesem bunten Vogel fliegen dir ganz neue Ideen zu.
Der Papagei ist gesellig, plaudert gern. Doch lass dich durch sein Geplapper nicht zu sehr ablenken. Höre gut zu, was er neben dem Unwichtigen zu sagen hat. Manchmal plapperst du nur die Meinung anderer nach. So besteht die Gefahr, dass man dich nicht mehr allzu ernst nimmt. Dann bist du allein, unglaublich traurig und zeigst dies auch. Das kann sogar zu Verhaltensstörungen mit selbstzerstörerischen Zügen führen. Aber du bist und bleibst ein soziales Wesen, das die Gesellschaft sucht. Du magst verschiedene Sprachen und lernst sie schnell. Diese Wortgewandtheit ist deine Berufung.
Deinem Partner bist du wie der Papagei sehr treu und euer verliebtes „Schnäbeln" hört kaum auf. Der Verlust deines Partners, z.B. durch den Tod, kann dich so in Kummer stürzen, dass es dir deinen sonst ungebändigten Lebenshunger ganz nehmen kann. Die Liebe spielt denn aucheine zentrale Rolle in deinem Leben und du bist kein glücklicher Single, fühlst dich erst komplett mit dem passenden Partner. Du liebst die Farbenpracht. Wähle deine Zimmerfarbe nun bewusst, denn sie beeinflusst deine Stimmung entscheidend. Lass Sonne hinein und suche diese auch draussen in der Natur!

Tagesbotschaft
Fülle den Tag mit Farbe und Freude über das Bunte im Leben und im Alltag.

Papageien sind ausserordentlich soziale Wesen, die in Gruppen in Berg- und Baumhöhlen hausen. Ihrem Partner sind sie ein Leben lang treu. Ihr Alter kann 60 Jahre und mehr erreichen. Werden Papageien einzeln oder ohne Artgenossen gehalten, bilden sich bald Verhaltensstörungen aus mit selbst-zerstörerische Tendenzen wie Gefiederrupfen.

Papageien sind intelligent und ausserordentlich sprachbe-gabt. Ihr zweigeteiltes Gehirn, wie es der Mensch auch hat, ermöglicht unter anderem das Imitieren, wie wir es bei einem Kleinkind antreffen. Zudem entwickelt sich dadurch eine klare „Händigkeit", wobei sich die Dominanz beim typischen Kletterfuss zeigt. Mit diesem führen Papageien z.B. Nahrung zum Schnabel. Dieses Phänomen ist sonst bei kaum einem anderen Vogel zu finden.

Vor allem in der indischen Kultur und bei den Mayas spielten Papageien eine wichtige Rolle. In Indien gehört der Papagei zum Gott der Liebe, Kama. Aber auch die Göttinnen Kamakshi von Kanchi und Meenakshi von Madurai verkörpern beide Shivas Frau Parvati. Der Papagei steht bei ihnen für körperliche Liebe, Verlangen und Lebenslust. Bei den Mayas wurde die grosse Gottheit Po pol Vuh (= Sieben Aras) mit einem Papageienkopf dargestellt. Papageienfedern spielten in Heilritualen eine tragende Rolle.

Pelikan

Strategie / Selbstlosigkeit

Der Pelikan fischt nicht alleine. Eine Schar Pelikane treibt die Fische zusammen. Lerne mit anderen, die Lebensaufgaben zu bewältigen, und überlasse den Schwächeren einen Teil der Beute. Das kann real, aber auch in übertragenem Sinn gemeint sein. Wie der Pelikan seinen Riesenschnabel mit Wasser und Fischen füllt, verschlingst du Bücher voll von Geschichten und Weisheiten.
Lass das Wasser seichter Geschichten abfliessen und behalte das Wesentliche. Von deiner Nahrung durch Begegnungen mit tief Menschlichem gibst du anderen einen Teil selbstlos weiter. Der Pelikan öffnet seinen Schnabel und würgt den Fisch für seine Jungen hervor. Öffne deinen Mund und sei offen für die anderen. Wenn du etwas hergibst, verzichtest du auf etwas, es kann im Moment ein Opfer sein, aber ein Verzicht auf ein Vorurteil macht Platz für neue Erkenntnisse.
Begrüsse den Wandel im Leben!

Tagesbotschaft
Versuche nicht festzuhalten – Wandel ist wichtig und notwendig.

Weiss mit schwarzen Handschwingen und gelbem Halsfleck ist das Federkleid des Pelikans. Er hat einen struppigen Hinterkopfschopf. Sein riesiger, gelblicher Schnabel mit dem mächtigen gelb-bläulich geäderten Kehlsack ist sein Markenzeichen, eine gelbe Umrandung um das Auge, die Beine fleischfarben.
Plump und schwer wirkt dieser Vogel an Land und verblüfft dann als hervorragender Flieger und korkenleichter Schwimmer. Er gilt als der schwerste flugfähige Vogel. Im Flug hält er seinen Hals weit zurück und nimmt fast die Form eines Düsenjägers an.
In Gruppen formiert er sich als Keil oder in einer Reihenform. Auf dem Wasser scheint er fast zu schweben und tänzelt auf den Wellen. Sowohl Knochen als auch Federn und das Unterbindegewebe sind lufthaltig, so dass er viel leichter ist, als er wirkt. Dadurch kann er aber nicht tauchen.
Pelikane leben gerne in Verbänden und fischen mit anderen in einem Halbkreis, indem sie die Fische mit Flügelschlägen auf die Wasseroberfläche Richtung Ufer ins seichte Wasser treiben und dort mit dem grossen Unterschnabelsack herausfi-

schen. Bei Gelegenheit fressen sie Krebse und kleine Vögel.

Der Pelikan lebt in Brutkolonien, macht das Nest in einer einfachen Bodenmulde, teils auch im Gebüsch oder auf einem Baum. Die 2 bis 4 Eier in seinem Gelege sind verhältnismässig klein. Die Jungen kommen fast nackt aus dem Ei, werden später schwarz-grau und die Eltern füttern sie lange.

Dieser riesige Vogel ist in tropischen und gemässigten Zonen auf Binnengewässern, aber auch an Meeresküsten heimisch.

Auf manchen Abbildungen sieht man einen Pelikan, der mit dem Schnabel die eigene Brust öffnet, um mit seinem Blut seine Jungen zu nähren.

In der christlichen Ikonographie wurde das Motiv häufig verwendet als Symbol für den Opfertod Christi und die Nächstenliebe. Diese Vorstellung kann den Ursprung in der Tatsache haben, dass die Jungvögel ihr Futter aus dem Schnabel der Eltern holen, wie es auch bei anderen Vögel der Fall ist, und dass sich der Kehlsack des Krauskopfpelikans während der Brutzeit blutrot färbt.

Der Pelikan ist ein beliebtes Wappentier.

Pfau

Eleganz / Anmut

Schillert nun der Pfau in deiner Karte und deinem Leben, solltest du Betrügern aus dem Weg gehen. Der Pfau hilft dir, diese zu erkennen. Er hält dir auch einen Spiegel vor und widerspiegelt dir deine eigene Schönheit, die du stolz zeigen darfst.
Doch werde darüber nicht zu eingebildet und arrogant, denn dein Gang mit erhobenem und gekröntem Haupt kann auch als Hochmut ausgelegt werden. Beachte, dass nicht nur dein Äusseres prächtig schillert, sondern dieses Bild mit deinem Inneren in Harmonie kommt.

Tagesbotschaft
Trage dein Haupt heute stolz erhoben und schaue, wie die Umwelt darauf reagiert!

Pfaue gehören zu den Fasanen und lebten ursprünglich in Indien und Sri Lanka in Gebirgswäldern.
Das Männchen trägt eine 130 cm lange Prachtschleppe mit herrlich farbigen, blaugrünen Augenflecken. Seine Federn schillern je nach Licht golden bis tief blau. Das Schimmern der Federstrahlen wird durch eine feine kristallähnliche Struktur erreicht, die gitterförmig aufgebaut ist. Sie enthält Melanin (beim Menschen u.a. für Färbung der Haut und Haare) und Keratin (wasserunlösliches Faserprotein). Auf dem Kopf ist passend zum Schwanz eine kronenartige Haube bei beiden Geschlechtern zu finden. Die Schwanzfedern können zu einem imponierenden Rad aufgerichtet werden und erzittern. Dies soll mit den vielen Augen Fressfeinde abschrecken oder den Weibchen imponieren. Reicht dieses Gehabe nicht, um Feinde in die Flucht zu schlagen, lässt der Pfau seine viel kürzeren, eigentlichen Schwanzfedern rasseln. Der Pfau warnt andere frühzeitig mit seinen lauten, durchdringenden Schreien vor dem wilden Tiger und der tückischen Kobra, aber auch vor Unwetter. Einmal im Jahr wirft der Pfau die Schleppe jedoch komplett ab, um danach neue Federn auszubilden.
Im Verhältnis zum Körper fällt der Kopf klein aus. Zu den Augen zieht vom Schnabel her eine nackte, weisse Linie, die sich in die Unterseite des Auges spiegelt. Da Blaue Pfauen junge Schlangen fressen, sind sie in Teilen Indiens beliebt und werden in

den Ortschaften geduldet. Dort können sie sehr zutraulich werden. Oft gehen sie in den Abend- und Morgenstunden auf die Felder zur Nahrungs- suche.

Pfaue gelten als älteste Ziervögel des Menschen. Schon vor 4'000 Jahren wurden die ersten Pfauen in den Mittelmeerraum gebracht. Auch ihr Fleisch war bei den Ägyptern, den Römern und an den europäischen Höfen im Mittelalter sehr beliebt.

Da der Pfau standorttreu ist, wird er in vielen Parkanlagen frei gehalten.

In Indien ist der Pfau Nationalvogel und heilig. Im Hinduismus ist er das kosmische Vehikel von Kama, dem Liebesgott. Er weiss, dass Blumen und köstliche Speise- opfer die ersten Liebesbeteuerungen begleiten, wahre Liebe sich jedoch später in der Abgeschiedenheit und Einfachheit entwickelt.

In der griechischen Mythologie erschuf die Göttin Hera das „hundertäugige" Federkleid des Pfaus aus dem vieläugigen Riesen Argos, welcher mit Argusaugen Io bewachte.

Im Islam gelten diese Tiere als äusserst sauber und rein. In einer Religionsge- meinschaft der Kurden, im Jesidentum (monotheistische Religion, die einzig durch Geburt erworben werden kann ursprünglich aus Irak, Nordsyrien und Türkei – seit 2014 Opfer eines anhaltenden Genozids), ist der „Engel-Pfau" (Melek-Taus) der oberste Engel und Beschützer der Erde.

Pferd

Flucht / Freiheit / lebenslange Freundschaft

Wie das Pferd bist du schnell und beweglich, sei aber nicht zu sprunghaft! Pass auf, dass du nicht zu impulsiv und wankelmütig handelst.

Wenn das Pferd elegant auf dich zuschreitet, erntet sein Muskelspiel unter dem glänzenden Fell bewundernde Blicke. Viele Menschen wissen nicht, dass das Tänzelnde der Pferde nicht in erster Linie durch Freude an der Bewegung, sondern einer tiefen Furcht und einem Fluchtverhalten entspringt.

Dank der imposanten Grösse bekommen sie Respekt und du kannst dir und den anderen etwas vormachen. Frage dich also, wie viel hinter deiner Fassade versteckt ist. Wo hast du dich selbst und andere über deine Ängste hinweggetäuscht? Ist nun die Zeit, dich deinen Ängsten aktiv und bewusst zu stellen?

Falls du dabei Unterstützung brauchst, suche Hilfe und Zusammenarbeit. Aus der Erfahrung mit Artgenossen weisst du, dass geteilte Arbeit leichter geht. Du darfst dich trotz deiner Ängste von Vertrauenspersonen zähmen lassen. So gewinnst du Freundschaften, die oft ein Leben lang halten, auch wenn zwischen hinein viel Zeit vergeht. Spürst du jedoch, dass du ausgenutzt wirst und keine Balance von Geben und Nehmen besteht, bäumst du dich dagegen auf, wehrst dich wenn nötig auch mit Ausschlagen. Du bist überaus freiheitsliebend, auch wenn das dein äusseres Umfeld nicht erahnt.

Tagesbotschaft

Wenn dir der Zügel zu straff gehalten wird, befreie dich, bäume dich auf und wehre dich, damit du deine Freiheit finden kannst!

Über einen langen Zeitraum hinweg waren Pferde das wichtigste „Fortbewegungsmittel" der Menschen. Heute ist es beliebt für das Freizeitvergnügen als Sport- und Reittier.

Der Körper des Pferdes ist ganz auf Flucht ausgerichtet, woraus sich auch seine Schnelligkeit entwickelt. Weil die Augen auf den Seiten liegen, hat das Pferd fast einen Rundumblick. Sein Geruchssinn ist ein Vielfaches besser als der des Menschen. Die Beine sind lang und leicht. Die Muskeln machen fast die Hälfte des Körpergewichtes aus. Das Herz, so gross wie ein Fussball, treibt den leistungsstarken Körper an.

In Gefahr hat die Milz 30% des Blutes gespeichert und kann dies dann freisetzen. Durch diese erhöhte Sauerstoffversorgung entsteht eine Art „Turbo-Motor".

Um nicht im Schlaf überrascht zu werden, schläft das Pferd im Stehen. Liegt ein Pferd zu lange  liegen, besteht die Gefahr einer Lungenentzündung, weil sie im Liegen ihre Lunge nicht richtig entfalten können. Weil es bei angewinkeltem Knie die Kniescheibe über dem Gelenk einhängen kann, strafft es die Sehnen, die das Bein stabilisieren. So fällt es nicht um Fühlt sich das Pferd bedroht und kann nicht fliehen, beisst es, bäumt sich wild auf oder schlägt mit seinen kräftigen Hinterhufen. Man sollte sich deshalb nie einem Pferd von hinten nähern, ohne dass man sich vorher bemerkbar gemacht hat.

Das Pferd ist ein Herdentier mit ausgekämpfter Rangordnung. Da es eine soziale und neugierige Natur hat, lässt es sich vom Menschen zähmen.

Schon in allen Kulturen und Mythologien hat das Pferd fasziniert: Bei den Kelten war die Pferdegöttin Rhianno mit dem Naturzyklus verbunden und Symbol für Wiedergeburt und Fruchtbarkeit. Der nordische Gott Odin ritt auf einer achtbeinigen Stute. Die Griechen kannten den geflügelten Pegasus. Die Indianer lernten das Pferd erst nach der Invasion der Spanier im 16. Jh. kennen. Sie verehrten es als Wind-, Donner- und Blitzgeist.

Pinguin

Geselligkeit / Sozialkompetenz

Kommt der Pinguin zu dir gewatschelt, erinnert er dich an deine hervorragende soziale Kompetenz, ohne dass du dein eigenes Leben aus dem Auge lassen musst. Du bist freigiebig, kümmerst dich um andere und setzt dich für die Gleichberechtigung der Geschlechter ein.

Für dich gibt es keine Bewertungen oder Hierarchien, so dass Freunde und Familie gleichwertig sind.

Eine besondere Qualität, welche der Pinguin mit sich bringt, ist die Treue und ein ausgesprochenes Verantwortungsbewusstsein. So kann um dich herum ein noch so frostiges Klima aufziehen, du hältst dich an deine Freunde und Familie und gewinnst dadurch viel Herzenswärme.

Nimm jedoch auch den Hinweis des Pinguins ernst, nicht immer alles ausgleichen zu müssen.

Tagesbotschaft

Zieh dich warm an, damit du die Kälte deiner Umwelt schadlos ertragen kannst.

Pinguine sind sehr eigene Vögel, sie können nicht fliegen, dafür sehr gut schwimmen, sind gesellig und leben in grossen Verbänden, jedoch monogam.

Das Männchen ist sehr aktiv bei der Aufzucht der Jungen beteiligt, die ihre Eltern über Geräusche mit ihrem feinen Gehör erkennen, auch wenn ihre Ohren unsichtbar unter den Federn versteckt liegen. Sobald die Jungtiere herangewachsen sind, schliessen sie sich zu Gruppen zusammen, die von einigen erwachsenen Pinguinen überwacht werden, eine Art Kindergarten.

Pinguine überleben in grosser Kälte dank ihrem engen Sozialleben. Bei den eisigen Winden in der Antarktis drängen sie sich zusammen und wechseln sich an den am meisten dem Sturm ausgesetzten Rändern ab.

Die zwei bis drei Zentimeter dicke Fettschicht wird von dicht gepackten Federschichten bedeckt. Die Luft zwischen den Federn schützt ebenfalls vor Wärmeverlusten. Dank ihrer Flügel als Flossen tauchen sie rasch und „fliegen" aus dem

Wasser ans Land.
Die Augen der Pinguine mit Pupillen, die dehnungs- und kontaktfähig sind, ermöglichen ihnen in verschieden tiefem Wasser zu schwimmen.
Über ihre Wanderungen im Meer wird noch geforscht.
Für Kinder sind spannende Geschichten, Zeichnungen und Filme vorhanden, die nicht nur dem Pinguin Menschen nahe gehen.

Rabe / Krähe

innerer Magier / altes Wissen / Intelligenz / Humor

Mit einem krächzenden Krah ruft sich dieser schwarz glänzende Vogel in dein Bewusstsein. Er ist ein weiser Lehrmeister, schenkt dir Selbstvertrauen und erinnert dich an dein weiss-magisches Urwissen aus früheren Leben. Er hilft dir nun, seine Rabenmedizin für dich und andere anzuwenden. Nutze sowohl deine Intelligenz als auch deine Intuition und verbinde sie im perfekten Gleichgewicht – so wird Unglaubliches möglich!
Du kannst nun Situationen neutral betrachten und ganz unorthodox handeln. Schwinge dich mit diesen Erfahrungen in ungeahnte Höhen und entdecke dich und deinen Lebensweg aus einer neuen Perspektive. Hier kannst du mit dem Wind spielen und dem Formlosen Gestalt geben, denn die Krähe bringt dir Botschaften aus der geistigen Welt.
Nimm den Stolz, die aufrechte Haltung und die intelligente Beobachtungsgabe des Raben an und bewege dich entsprechend. Lass dich nicht von der Meinung anderer abhalten. Vielleicht bist du ihnen unheimlich oder zu unnahbar.
Entdecke den Schalk. Vergiss die freche, foppende Weise des Raben nicht, doch übertreibe es nicht. Sei humorvoll und rivalisiere spielerisch, um deine eigenen Kräfte besser kennen zu lernen.

Tagesbotschaft
Übernimm die Verantwortung für dich und dein Handeln!

Die etwas kleineren Vögel dieser Krähenfamilie werden als Krähen und Dohlen bezeichnet, die grösseren als Raben mit ihrem spezifischen Namen, etwa der Kolkrabe, der über die ganze Welt verbreitet ist.
Raben sind Aasfresser. Ihre Flügelspannweite kann bis 120 cm entsprechen. Im Angriff auf andere Vögel zeigen sie ihre Flugkünste. Mit Leichtigkeit vertreiben sie den Mäusebussard aus ihrem Rayon.
Raben und Krähen sind sehr intelligent, können Hilfsmittel benutzen und sogar zahm werden. Baumnüsse lassen sie aus grosser Höhe auf harten Untergrund fallen, um die Frucht zu öffnen. Für Fressdiebe legen sie Scheinverstecke an. Auch benutzen sie Geräte, um Nahrung aus Spalten und Ritzen zu fischen. Es wurde beobachtet,

wie sie in mehreren Arbeitsschritten aus Palm-
holz ein Werkzeug mit einem Widerhaken
herstellten, mit dem sie gut stochern konnten.
Die Krähen übertreffen dabei bei weitem die
Instrumente, die sich zum Beispiel Schimpansen
basteln, um Termiten aus ihrem Bau zu holen.
Ganz entgegen der Redensart von „Rabenel-
tern" sind sie sehr fürsorglich und kümmern sich
als monogame Paare liebevoll um ihre Jungen. Sie haben einen ausgesprochenen
Spieltrieb, machen Luftrollen, hängen Kopf voran an einem Ast, rodeln übers Eis
oder reiten auf einem Wildschwein, veranstalten soziale Flugspiele, kreisen, packen
sich an den Fängen, fliegen auf dem Rücken, machen Sturzflüge und Verfolgungs-
jagden.

Raben sind meist sowohl geachtet als auch gefürchtet. In vorchristlichen Kulturen
waren sie hoch geschätzte Boten, Ratgeber, Propheten und Symbol für den Lebenszyklus. Der nordische Gott Odin hat auf seiner Schultern zwei Raben, einer fürs
Denken, der andere fürs Gedächtnis.

Krähen und Raben werden immer wieder mit Magie in Verbindung gebracht. In
manchen Kulturen gilt der Rabe als Totenvogel. Ein positives Bild vermittelt uns das
Alte Testament. Der Prophet Elia / Elija wird während einer Hungerzeit von Raben
versorgt (1.Könige 17,5-6). Nach der Christianisierung galt der Rabe jedoch als
Vorbote eines Unglücks. Sein Kleid erschien wie ein schwarzes Leichentuch. Oft
überliess man einen Gehängten den Raben zum Frass, daher wohl sein Name
„Galgenvogel". Zudem glaubte man, dass Hexen sich in Raben verwandeln
könnten.

Ratte

Durchhaltewillen / Lernfähigkeit

Die Ratte als dein Krafttier will dich erinnern, dass es sich auch unter widrigen Umständen lohnt, durchzuhalten, zu lernen und sich anzupassen, so dass du mit ganz neuen Bedingungen zu Gange kommst.
Sie ist erdverbunden und findet immer einen Ausweg. Sie wünscht dir den Lebenswillen, den sie selber hat.

Tagesbotschaft
Höre auf deine innere Stimme und deine Träume. Verstehst du sie? Mach was draus!

Obwohl ursprünglich in Asien heimisch, ist die Ratte inzwischen überall verbreitet. Sie ist vorwiegend nachtaktiv, kann schwimmen und klettern.
Meist lebt sie gesellig in Familienverbänden. Als Vorratsschädling, aber vor allem als Überträger von Krankheiten - im Mittelalter die Pest - wird sie auch heute stark bekämpft.
Im Unterschied zur Maus weist der Schwanz der Ratte viel mehr Schuppenringe auf. Typisch sind für sie die dünnen, grossen, nackten und fleischfarbenen Ohren. Es sind hervorragende Kletterer, so dass sie als Schiffsratten ohne Probleme über Taue an Land klettern konnten. Verschwanden alle Ratten von einem Schiff, war dies immer ein untrügliches Zeichen, dass das Schiff bald sinken wird. Sie ahnen also eine Katastrophe voraus. Dies betraf jedoch immer alte, marode Schiffe. Die Vorahnung gilt jedoch auch für Erdbeben und Ähnliches, wobei Wanderratten sofort in grossen Scharen flüchten.
Die Hausratte verbreitet einen üblen Rattengeruch, weil sie Wege mit Kot und Urin markiert. Sie ist gerne im Trockenen von Häusern und kann diese von unten bis oben bewohnen. Im Gegensatz zur Hausratte, einer reinen Vegetarierin, ist die Wanderratte eine Allesfresserin, lebt vor allem in feuchten, kalten, unterirdischen Orten. Die Ratte ist erstaunlich anpassungsfähig, intelligent und gewitzt, hat keine eingefahrenen Verhaltensweisen und weiss sich zu helfen. Ein hungriges Rudel tötet auch andere Tiere oder frisst bei Schweinen Teile ihrer Speckscharte weg, kann

sogar den Menschen anfallen. So wird sie zum grossen Schädling.

Das Rattenweibchen paart sich wahllos mit allen Männchen. Die Jungen (10 bis 16 mehrfach im Jahr) werden in einen Gemeinschaftskessel gelegt. Dort nimmt das Weibchen jedes Jungtier an und kümmert sich darum. Die Männchen beschaffen Nahrung, egal für wen aus der Sippe. Es gibt also keine Paare oder Familien, sondern ein Rudelkollektiv (10 bis 30 Tiere). Gemeinsam verteidigen sie ihr Revier und stehen sich auf Leben und Tod bei.

Regenwurm

Erneuerung / Selbstheilung

Nur wenn wir uns der Erde zuwenden, kann uns ein Regenwurm begegnen. Er ist der Helfer der Mutter Erde und nagt nicht an Gesundem. Er erinnert uns, dass es viel zu verdauen gibt für Körper, Geist und Seele. Sollte man sich nun vielleicht eine Pause vom Verdauen gönnen? Wie wäre ein Fasten- oder Rohkosttag?
Mit dem Regenwurm als Krafttier erinnerst du dich deiner Selbstheilungsmöglich-keiten. So heilen Verletzungen, gibt es Erneuerungen an dir und in deinem Leben. Du erkennst dich als wichtigen Teil des Ganzen und trägst deinen Teil selbstlos zur Gesellschaft bei. Mit dem Regenwurm als deinem Krafttier erinnerst du dich an die Mutter Erde, deine Verbundenheit mit ihr und dienst ihr, indem du dich für den Schutz der Natur und ihres Ökosystems stark machst.

Tagesbotschaft
Nimm Hilfe an – in Dankbarkeit!

Der Körper des Regenwurms ist in viele gleichmässige Körperringe aufgeteilt. Am vorderen Ende gibt es eine Art Mund, hinten einen Darmausgang. Teilt man einen Wurm entzwei, kann sich der vordere Teil regenerieren, indem das hintere, fehlende Ende wieder nachwächst. Die Sauerstoffaufnahme erfolgt über die Haut. Dies ist nur mit Feuchtigkeit möglich. Trocknet der Wurm, erstickt er. Weil Würmer aber auch im Wasser ersticken, kommen sie beim Regen aus dem Boden. Winzige Lichtsinneszellen auf der Haut sind ihre Lichtwahrnehmung.
Als Nahrung verwertet er vermodertes Pflanzenmaterial.
Ihr Kot ist praktisch nichts anderes mehr als Humus. So übernehmen die Regen-würmer in unserem Ökosystem eine ganz wichtige Rolle im Stoffkreislauf.
Regenwürmer sind Zwitter, sie müssen sich aber mit einem anderen Wurm paaren, kopulieren. Dabei sondern sie Schleim ab und bilden eine schützende Hülle. Es werden die männlichen Samen ausgetauscht und später die Eier befruchtet. Der Schleimring wird verklebt, man spricht von einem Kokon. Je nach Temperatur und Feuchtigkeit des Bodens, auch abhängig von der Art des Wurmes, beträgt die Brut-zeit 20 – 90 Tage. Der Regenwurm ist unter den 40 heimischen Ringelwürmern der einzige, der das Erdreich auch tagsüber verlässt. Sein Lebensraum ist jedoch in metertiefen Gängen des Erdbodens.

Unter einem Hektar Bodenfläche kann man bis zu 500'000 Individuen finden.

Im Sommer und Winter sind sie weniger aktiv, da sie vor allem ein feuchtes Erdreich brauchen.

Die Feinde der Regenwürmer sind Vögel, Mäuse, Maulwürfe, Igel, Frösche, Kröten, Ameisen, Marder, Füchse und Dachse.

Reh

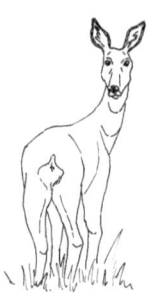

Schüchternheit / Grazie / Gewohnheit

Ohne Geräusch steht das Reh plötzlich vor dir und bewegt die Ohren sanft, um zu lauschen. Lausche nun auch du auf seine leise, unaufdringliche Botschaft. Ihr beide seid schüchtern und zurückhaltend. Lieber beobachtet ihr aus der Ferne, als euch mitten ins Getümmel zu stürzen. Entspannt und friedvoll sucht ihr euren Platz in einer ruhigen Atmosphäre. Gefühle der Reinheit und Freundschaft mit euresgleichen entwickeln sich. Dein Herz erschrickt, wenn etwas Unbekanntes auftaucht, und ihr verschwindet im Wald des Unbewussten in einer dunklen, geheimnisvollen Welt. Öffne dein Herz und lass Licht hinein strahlen, um dich aus dem undurchdringlichen Wald deiner Gefühle herausführen zu lassen.
Du bist schreckhaft und scheu, fühlst dich oft bedroht. Vielleicht ist dein Instinkt zur Flucht zu stark ausgeprägt und dich überfällt Selbstmitleid. Fasse Vertrauen, bleib nicht stehen, geh vorsichtig auf deinem Weg weiter.

Tagesbotschaft
Lass dich von deinem Engel in einen schützenden, warmen Mantel hüllen und fühle diese Geborgenheit.

Das Reh ist ein Paarhufer aus der Familie der Hirsche. In Mitteleuropa ist es der häufigste und gleichzeitig kleinste Vertreter der Hirsche.
Rehe äsen vorwiegend eiweisshaltiges, leicht verdauliches Futter und gehören zu den Wiederkäuern. Bevorzugt fressen sie Pflanzenteile, die etwa 75 Zentimeter über dem Boden stehen. Je nach Jahreszeit ändert die Art ihrer Nahrung, ist in ihrer Zusammensetzung aber immer vielfältig. Bei säugenden Ricken (weibliches Reh) und den heranwachsenden Kitzen (Junges) ist der Eiweissbedarf vor allem im Sommer sehr hoch.
Wird das Reh aufgeschreckt, sucht es mit wenigen, schnellen Sprüngen Deckung im Dickicht. Deshalb lebt es vor allem gerne an Waldrandzonen. Die keilförmige Körperform ist dem lautlosen Durchwinden von dichter Vegetation angepasst. Die Beine sind verhältnismässig schlank und lang. Das Fell besteht aus einem längeren Oberfell und gekraustem Wollfell darunter. Im Sommer ist dieses rötlicher gefärbt.

     www.ergo-beruehren-begreifen.ch

Um den After ist die Färbung gelblich-weiss und wird Spiegel genannt. Bei der Flucht sträuben sich die weissen Haare des Spiegels, wodurch dieser viel grösser erscheint. Das Fell der Rehkitze weist zunächst eine weisse Punktierung auf dem Rücken auf. Diese weisse Fleckenzeichnung wird ab einem Alter von einem Monat allmählich undeutlicher und verschwindet bis zum Alter von zwei Monaten durch das Überwachsen von roten Sommerhaaren.

Nur die Böcke tragen ein Geweih mit 2 Stangen, welches eine Länge von 15 bis 20 cm erreicht. Jährlich verliert der Bock das Geweih und bildet dieses in der äsungsarmen Zeit des Winters neu. Die Basthaut stirbt nach Abschluss der Geweihbildung ab und wird vom Bock durch Fegen an Büschen und jungen Bäumen von der verbleibenden Knochenmasse entfernt.

Das Reh orientiert sich vor allem mittels Geruchssinn. Es riecht einen Menschen aus einer Entfernung von 300 bis 400 Metern. Mit einer Art „Bürste" an den Hinterläufen und dort angebrachten Drüsen kann das Reh sein Revier markieren. Rehe reagieren besonders auf Bewegungen, das Erkennungsvermögen für unbewegte Gegenstände ist dagegen nicht sehr hoch entwickelt, sie sehen schlecht. Ein bellender Laut ist die auffälligste Warnung des Rehs bei drohender Gefahr. Mit fiependen Lauten locken sich Kitz und Ricke gegenseitig.

Als „Gewohnheitstiere" sind Rehe bestrebt, sich an den gleichen Plätzen aufzuhalten. Ab einer gewissen Bestandsdichte ist dies jedoch nicht mehr möglich. Sie müssen sich neue Lebensräume erobern. Wo diese nicht mehr zur Verfügung stehen, setzt eine höhere Kitzsterblichkeit und eine geringere Befruchtungsrate ein, so dass sich der Bestand ohne Einwirkung des Menschen reguliert. Vor der Paarung gibt es eine Vorbrunft mit dem so genannten Treiben, das mehrere Tage dauern kann. Böcke verlieren in der Brunft auf Grund des heftigen Treibens der Ricke und der häufig langen Suche nach brunftigen Weibchen erheblich an Körpergewicht. Rehe sind in der Lage, ihre Tragezeit äsungsabhängig so zu steuern, dass das Setzen der Kitze in die günstigste Zeit fällt, meist Mai/Juni. Kitze, die über längere Zeit nicht gesäugt wurden, beginnen leise Fiii-Lauten von sich zu geben. Auf Störungen wie rasche Bewegungen in ihrer Nähe, Lärm oder fremden Geruch verharren Kitze starr an den Boden gepresst. Ricken verteidigen ihre Kitze durch Vorderlaufschläge unter anderem gegen Katzen, Füchse, Hunde und gegebenenfalls auch Menschen. Als Fressfeinde zu bezeichnen sind vor allem Rotfuchs, Luchs und Wolf. Heute wird das Reh in ganz Europa gejagt und gehört zu den meist gejagten Tieren. Kitze sind durch Landmaschinen gefährdet. Ebenfalls viele tote Rehe fordert der Strassenverkehr.

Rochen / Manta

innerer Frieden / Eleganz / Tarnung

Taucht der Rochen elegant und mit Engelsflügeln vor dir auf, bist du am Abtauchen in dein Unbewusstes. Lass dich dabei vom Rochen tragen und vertraue auf die tiefen Urkräfte, dass sie immer dein Bestes wollen. So weisst du nun, dass dich das Auf und Ab des Lebens immer trägt. Du lernst zu erkennen, wann es besser ist, sich als stiller Beobachter bedeckt zu halten, abzuwarten, und wann es Zeit ist in Aktion zu treten. Je nach Moment kannst du dich unscheinbar im Hintergrund aufhalten oder dich spektakulär in Szene setzen. Letzteres, wenn du dich vom weiblichen Element tragen und treiben lässt. Dann scheinst du auch in deiner Entwicklung dahin zu fliegen. Und du findest deinen inneren Frieden, bist authentisch, ganz bei dir. Bleibe dir treu, egal, was für Wellen aussen schlagen.

Tagesbotschaft
Nutze heute deine Tarnung, um im Verborgenen zu wirken! Bitte die geistigen Meister um Beistand und Hilfe.

Rochen gehören zu den Knorpelfischen (wie auch Haie) und leben in allen Welt-meeren. Sie haben kein Skelett, sondern bestehen aus Knorpel wie die Haie. Die grösste Art ist der Manta. Die Körpergrösse kann von 20 cm bis 7 Metern variieren. Typisch sind der stark geplattete Körper und die grossen Brustflossen, welche mit dem Kopf verwachsen sind und den erhöhten Augen auf der Oberseite. Seine Musterung ist seiner Umgebung angepasst und kann stark variieren.
Flachwasser-Rochen sind auf der Unterseite fast weiss, wogegen die in der Meeres-tiefe lebenden Arten beidseitig dunkel sind. Die Oberfläche ist rauh, mit Dornen und Höckern versehen. Dank dem flachen Körper, kann sich der Rochen bis zu den Augen eingraben.
Die echten Rochen bewegen die Brustflossen wellenförmig oder schlagen sie wie Flügel, so dass sie regelrecht elegant durchs Wasser gleiten. Sie können dank dem Rückstossprinzip sehr schnell starten.
Der Schwanz ist lang und dünn und hat schwache elektrische Organe an den Seiten. Die Kiemen befinden sich auf der Unterseite bis auf die erste, welche zum

Einatmen ist. Wäre diese ebenfalls unten, würde der Rochen im eingegrabenen Zustand Sand einatmen. Die meisten Rochen ernähren sich von Krebsen, Schnecken, Muscheln oder Stachelhäutern. Die Jungen schlüpfen noch im Körper des Mutter-tieres, bzw. kurz nach der Eiablage. Die Weibchen sind grösser als die Männchen.

Man weiss von keinem Rochen / Manta, welcher grundlos einen Menschen angegriffen hätte. Es sind äusserst friedfertige Tiere, ausser sie fühlen sich bedroht (z.B. Darüberhinwegschwimmen). Nur wenn man ihnen zu nahe kommt, können gewisse Rochenarten, wie der Stachelrochen, gefährlich werden (hochgiftiger Stachel mit Widerhaken und Griftdrüsen). Einen verlorenen Stachel können sie meist regenerieren. Elektrische Rochen können Stromstösse austeilen.

Salamander

Einmaligkeit / Regeneration / Elementwesen

Mit dem Feuersalamander an deiner Seite darfst du dir deinen Besonderheiten bewusst werden, sie schätzen und ihnen deine Aufmerksamkeit widmen. Das Element Feuer will dir jetzt näher gebracht werden. Spüre ein inneres, loderndes Feuer von deiner Lebensenergie und nutze es für dein weiteres Vorankommen.

Tagesbotschaft
Wecke dein inneres Feuer und entdecke, welche Wärme daraus entsteht.

Salamander sind Vertreter aus der Amphibienordnung der Schwanzlurche. Zu ihnen gehören der schwarze Feuersalamander mit gelben oder orangen Flecken und der schwarze Alpensalamander sowie die Wassermolche. Ihre Haut ist nackt, sehr drüsenreich, glatt, körnig oder warzig. Sie wird periodisch in Fetzen oder als Ganzes abgestossen. Die Haut dient neben den Kiemen und Lungen ebenfalls zum Atmen. Es gibt Arten, die an Land leben, und andere, die sich im Wasser aufhalten. Zur Fortpflanzung kommen jedoch alle zurück zum Wasser, um zu laichen. Die Paarung erfolgt an Land. Ist das Männchen auf den Rücken des Weibchens geklettert, stemmt dieses die Partnerin hoch und stimuliert es mit dem Schwanz. Wenn das Weibchen diese Bewegungen beantwortet, setzt das Männchen ein Samenpaket ab, das vom Weibchen mit der Kloake aufgenommen wird.
Der Feuersalamander hält sich in schattigen Wäldern von Hügeln und Bergen auf, am liebsten in der Nähe von einem Bach oder einer Quelle. Am Tag versteckt er sich in Felsritzen, Höhlen, Bauten von Kleinsäugern oder Schächten. Oft werden diese Verstecke ebenfalls für die Überwinterung genutzt, sofern sie frostfrei und feucht sind.
Die auffällige Färbung ist bedeutsam, weil sie Tiere warnt. Sein Hautsekret verdirbt nämlich Verfolgern den Appetit und verursacht nach Berührung starke Reizungen, sogar vorübergehende Lähmungserscheinungen bei Hund und Katze. Daneben dient dieses Gift dem Schutz der Haut vor Bakterien oder Pilzbefall.
Salamander sind bezüglich ihrer Regenerationsfähigkeit bemerkenswerte Lebewesen. Verlieren sie einen Körperteil, wächst er in mehr oder minder verkürzter Form wieder nach. Neben direkten Feinden ist diese Spezies wie viele andere

auch durch die Folgen der Zivilisation gefährdet und immer seltener. Strassen in Wäldern mit Salamandervorkommen sollten Amphibiendurchlässe aufweisen.

Der Salamander wurde als Symbol für Zerstörung und Wiedergeburt angesehen. Er soll nach mythologischen Vorstellungen als eines der vier Elementwesen auch im Feuer leben können.

Der römische Schriftsteller Plinius schrieb: „Dieses Tier ist so kalt, dass es Feuer auslöscht, wenn es dies berührt, wie es auch Eis tut. Es speit auch eine milchige Substanz aus seinem Maul aus, und welcher menschliche Körperteil auch in Kontakt damit gerät, dem fallen sofort alle Haare aus, und er nimmt ein lepröses Aussehen an." Später wird dies jedoch bezweifelt, bringt ihm dennoch seinen Namen ein.

Schaf

Sanftmut / Reinheit / Opferbereitschaft / Beeinflussbarkeit

Neugierig und doch ängstlich schaut das Schaf dich an. Seine Augen strahlen Sanftmut aus. Auch du sollst dir ein dickes Fell zulegen. Das ist der beste Schutz bei Unwettern in deinem Leben. So wirst du weder zu hitzig noch zu kalt in deinen Beziehungen, sondern immer ausgeglichener.
Du bist eher einfach gestrickt, stellst kaum Ansprüche. Am liebsten bewegst du dich in der Gruppe und bist froh, wenn jemand die Führung übernimmt und für dich entscheidet. Dann musst du nicht zu viel überlegen, sondern kannst mit allen andern mitlaufen. So hast du zu vielem keine eigene Meinung. Dafür bist du sehr hilfsbereit und stellst deine Möglichkeiten allen zur Verfügung – trägst damit einen wichtigen Teil bei im kollektiven Bewusstsein. Du kannst dich vielerorts anpassen, bist dir aber nicht immer bewusst, dass du manchmal Schäden hinterlässt, wenn du an einem Ort nicht heimisch warst.

Tagesbotschaft
Schau liebevoll auf die andern, sei aber kein Schafskopf! Sei mutig und stelle dich den Herausforderungen!

Das Hausschaf ist die domestizierte Form des Mufflons (ursprünglich aus Armenien). Es sind ausgesprochene Herdentiere, robust und genügsam. Wilde Schafe sind gewandte, mutige Tiere, lassen sich jedoch gut zähmen.
In der Geschichte des Menschen spielt es eine wichtige Rolle. Es lieferte Milch- und Lammfleisch, Wolle und Schaffell, im Mittelalter Haut für die Herstellung von papierartigem Pergament, Rohmaterial für Leim, Kerzen, Seife (Talg) und kosmetische Produkte. Der Darm wurde bei der Wurstherstellung und zum Bespannen von Tennisschlägern verwendet oder gar zum Nähen von Wunden in der Medizin. Der Schafskot liefert hochwertigen Dünger. Durch Baumwolle und chemische Fasern wurde die Schafwolle stark verdrängt. Schafe werden heute zur Erhaltung der Landschaft gehalten, weil diese Tiere eine Versteppung oder Verbuschung der

Landschaft verhindern.

In vielen Kulturen war das Schaf ein Opfertier (Opfer-
lamm). In der christlichen Kunst ist das Lamm Gottes,
„Agnus Dei", ein altes Symbol für Christus. Oft wurde
der Priester als Hirte und seine Gemeinde als Herde
bezeichnet. In der Heraldik wurde es ebenfalls beliebt.
Im Volksmund gilt das Schaf jedoch häufig als Inbegriff
der Feigheit oder Dummheit. Englische Forscher haben
allerdings 2004 herausgefunden, dass sich Schafe über
50 Gesichter von Artgenossen über zwei Jahre lang
merken können.

Das männliche Schaf ist der Bock, ist er kastriert, wird er Hammel genannt. Das
Weibchen wird als Mutterschaf, das Jungtier als Lamm bezeichnet. Schafe gebären
ein bis zwei Lämmer, selten Drillinge, nach einer ca. 5-monatigen Tragezeit.

Können Schafe bei grosser Hitze nicht im Schatten unterstehen, stellen sie sich im
Kreis auf, mit den Köpfen in der Mitte, so dass sie diese zwischen ihren Hinterbeinen senken können. Sie reduzieren ebenfalls ihre Atmung.

Bei Merinoschafen kräuselt sich ihr kurzes Wollhaar wegen dem starken Fett-
schweiss und der Spiraldrehung in der Haut. Seine Böcke tragen Hörner, welche
sich spiralig direkt am Kopf winden. Die Tiere werden für Wollgewinnung bis auf
die Haut geschoren und geben zwischen 2 und 5 kg feinste Wolle (wobei noch
ein grosser Teil Fett & Schmutz ist). Noch heute ist das Merinolandschaf (eine
Mischung) in Süddeutschland das am weitesten verbreitete Schaf. Durch die
Einfuhr von Merinos nach Australien und Neuseeland durch europäische Siedler
wurden diese Länder zu den weltweit grössten Wollproduzenten. Australien wird
von einigen Tierschutzorganisationen mit dem Vorwurf der Tierquälerei konfron-
tiert, da dort die Methode Mulesing (nach dem Namen des Schafzüchters, der
die Methode entwickelte) zur Vermeidung von Parasitenbefall angewandt wird.
Dabei wird ohne Betäubung ein Teil der Haut rund um den Schwanz entfernt, so
dass dort kein Fliegenbefall auftreten kann. Es gäbe durchaus schmerzlose Alternativen. Merinozüchter bezeichnen diese jedoch als nicht wirtschaftlich. Dank dem
Druck der PETA und dem anschliessenden Boykott einiger Modefirmen (z.B. Apani
Merino oder Icebreaker aus Neuseeland) erlebte die australische Wollindustrie
grosse Umsatzeinbrüche.

Das erste vom Menschen geklonte Säugetier war das Schaf Dolly.

Schildkröte

Alter / Weisheit / Schutz

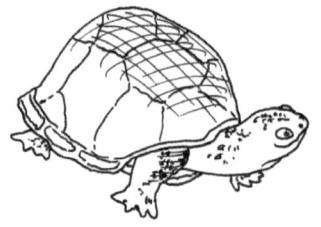

Taucht die stille Schildkröte bei dir auf, erinnert sie dich an deinen natürlichen Schutzpanzer. Nimm nicht alles zu nah zu dir, sondern lass es an deinem Panzer abperlen.
Brauchst du im Moment Rückzug? Diesen hast du immer dabei.
Erinnere dich nun an deine uralte Weisheit und finde damit deine Mitte. Vielleicht kommst du damit nicht so schnell vorwärts wie andere und brauchst vor allem am Morgen lange bis du fit bist, doch bewegst du dich stetig voran.
Vertraue darauf, dass du dein Ziel so erreichst.

Tagesbotschaft
Mische dich nicht in fremde Angelegenheiten, sondern bleibe ganz bei dir.

Schildkröten sind faszinierende Tiere aus einer längst vergangenen Zeit. Es gab sie schon vor den Dinosauriern. Man findet sie auf allen Kontinenten zu Wasser oder auf dem Land. Bei den Landschildkröten gibt es heute noch etwa 16 verschiedene Gattungen mit 48 Arten.
Leider minimiert sich die Anzahl der Arten fast jedes Jahr. Galapagos Riesenschildkröten sind die grössten Landschildkröten weltweit.
Schildkröten, die sich von Sträuchern, Büschen und Kakteen ernähren, haben meistens einen sattelförmigen Panzer. Die anderen Tiere besitzen einen kuppelförmigen Panzer.
Viele Schildkröten werden über 100 Jahre alt. Dies ist auch besonders bei der Anschaffung als Haustier zu bedenken, denn ziemlich sicher überlebt sie den Besitzer.
Das Verhältnis des Menschen zur Schildkröte ist geprägt von Missverständnissen: Ihr Panzer ist entgegen der allgemeinen Annahme eine kompliziert aufgebaute Schutzschicht aus empfindlicher Knochenhaut. Früher hat man bei Haustieren gerne ein Loch durchgebohrt, um eine Leine zu befestigen. Dies verursacht unsägliche Schmerzen.
Die Schildkröten brauchen dringend die wärmende Sonne und ungefilterte UV-Strahlen, um lebenswichtige Vitamine produzieren zu können. Deshalb

begeben sie sich in der kalten Jahreszeit in einen Winterschlaf. Morgens brauchen diese Urtiere ebenfalls lange, bis sie in die Gänge kommen. Sie reagieren stark auf Farben, zum Beispiel Rot. Ihr Geruchs- und Orientierungssinn ist sehr ausgeprägt.

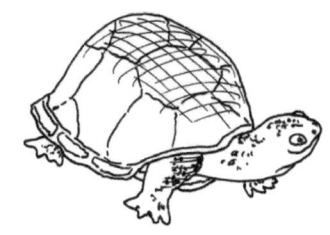

Männchen sind sehr leidenschaftlich, und es kann auch mal vorkommen, dass sie einen Stein zur Begattung besteigen.

Schimpanse - Menschenaffe

Menschsein / Beweglichkeit / Lernen

siehe auch „Affe"

Erinnere dich an dein eigenes Menschsein, wenn du nun dem Schimpansen gegenüber stehst. Es trennt euch fast nur der aufrechte Gang. Versuche dir vorzustellen, was sich in seinem Innern abspielt. Was zeigt dir der Schimpanse im Spiegel deiner selbst? Wo sind deine schwarzen Flecken, welche du gerne ausblendest?
Nun ist es an der Zeit dich diesen zu widmen. Der Schimpanse zeigt dir, wie wichtig deine Hände sind und macht dich handlungsfähig! Du kannst dein Leben selbst in die Hand nehmen und nach deinen Wünschen formen! Deine Intelligenz ist dabei ebenfalls hilfreich.

Tagesbotschaft
Nimm es heute mit Humor und lache über dich selber und deine Unzulänglichkeiten.

Die Schimpansen sind eine Gattung aus der Familie der Menschenaffen. Sie bewohnen die Urwälder in ganz Äquatorialafrika in geselligen Horden und Grossgruppen zwischen 15 und 150 Mitgliedern. Das Oberhaupt lässt sich gerne umschmeicheln und, je nach Laune, erträgt es unangenehme Störungen. Ein Männchen, 3 – 4 geschlechtsreife Weibchen und ihre Jungen führen im Normalfall ein harmonisches Familienleben.
Die Schimpansen sind echte Baumtiere im Unterschied zu Gorillas. Ihre Arme sind länger als die Beine und die Finger sind länger als beim Menschen. Ihre Schultergelenke sind sehr beweglich, weshalb sie in den Bäumen schneller als am Boden sind. Dort laufen sie vorwiegend auf allen Vieren, gestützt auf die Fingerknöchel. Sein Gesicht ist immer nackt.
Der Schimpanse gehört zu den intelligentesten Affen und ist ein überaus friedfertiges Geschöpf. Er benutzt Werkzeuge, ist handfertiger, geschickter als andere Menschenaffen, ein hochtalentierter Nachahmer, der folgerichtig denkt. Die zärtliche Mutter zeigt ihrem Kleinen geduldig alle nötigen Handgriffe und verteidigt

ihren Nachwuchs todesmutig. Auch seelisch ist er hoch entwickelt. Für die Kommunikation untereinander kennt er viele akustische und visuelle Signale. Er sieht geschickt das Verhalten anderer voraus.

Sein Schlafnest hat eine feste Knüppelunterlage, Blattpolster und ein Regendach. Der Schimpanse hat einen klaren Tag-/Nacht-Rhythmus und zieht sich entsprechend allein zurück.

Schlange

Verwandlung / Bewusstsein für Vergänglichkeit / vitale Sexualkraft

siehe auch Kobra

Die Schlange hat dich vielleicht erschreckt, weil sie die Botin des Todes ist. Wärst du im jetzigen Moment bereit zu sterben? Die Schlange möchte dich erinnern, dass du so leben sollst, dass du nichts bereust und stets aus dieser Welt gehen könntest. So kann dich die Schlange auch nicht mehr erschrecken.
Schlangen sind Symbol von Leben, Tod und Wiedergeburt, was in uns tief im Unterbewussten verankert ist. Alles, was man zum Leben erweckt, wird gleichzeitig dem Tod geweiht. Sie kriecht in dein Bewusstsein, um dir zu zeigen, dass du etwas sterben lassen musst. Akzeptiere, dass du für dein Wachstum anderes abstreifen musst wie die Schlange ihre Haut.
Sie steht daneben für die Sexualkraft. Nutze nun ihre Kraft für ein erfülltes Sexualleben und entdecke ganz neue Ebenen, denn die Schlange erweckt dein Feuer, um deine Bestimmung durch mehrere Entwicklungsstufen zu erlangen. Es ist Zeit für einen Wandel auf deinem spirituellen Weg.
Du bist nicht jemand, der etwas schnell verdaut. Das dauert seine Zeit. Doch wenn es gemacht ist, bleibt auch nichts Ungünstiges zurück. Du darfst ihre Hilfe in der Heilung nutzen. Vielleicht wählst du sogar einen solchen Beruf.

Tagesbotschaft
Wärme dich in der Sonne, tanke Licht, so dass du nicht im Angesicht deiner Ängste erstarrst.

Bei Schlangen ist der Blick starr und gläsern, weil sie kein Augenlid haben. Viele Schlangen sehen denn nur Bewegtes, müssen sich deshalb unaufhörlich bewegen. Sie nutzen ihre ständig züngelnde, gespaltene Zunge zur Orientierung und bringen so Duftstoffe zum empfindlichen Geruchsorgan. Dies ist also eine Orientierungshilfe und nicht aus Bosheit. Schlangen sind meist (fast) taub. Es gibt welche, die in der Lage sind, die Infrarotstrahlung von Warmblütern zu erkennen.
Die Kreuzotter ist die einzige heimische Giftschlange. Eigentlich ist sie ein Einzelgänger, doch in Wintermonaten können sich Kreuzottern dicht zueinander in Erdhöhlen legen. Als Kaltblüter besitzt die Schlange kein Wärmesystem. So fällt sie bei mehr als 10 Grad Celsius in eine Kältestarre. Kreuzottern fressen vor allem Mäuse, seltener Frösche oder Eidechsen. Das injizierte Gift führt in minutenschnelle

zum Herzstillstand. Das Beutetier wird typischerweise als Ganzes verschlungen und über längere Zeit verdaut. Manch andere Schlangen erwürgen ihre Beute mit ihrem Körper oder sie packen sie mit ihren Fangzähnen und verschlingen sie, während sie noch leben. Um diese Tiere ganz zu verschlingen, ist das Maul der Schlange unglaublich dehnbar. Denn der Kiefer und das Gaumendach ist ein lockerer Spangenapparat. Die Luftröhre kann vorgestülpt werden, so dass es während dem Würgen und Schlingen zu keinem Luftmangel kommt. Der Speichelfluss ist reichlich angeregt und dank wechselseitig einhakenden Zähnen zieht die Schlange das schlüpfrig gewordene Opfer langsam die lange Speiseröhre hinunter. Scharfe Magensäfte verdauen sogar die Knochen. Einzig Haare, Federn und Nägel werden wieder ausgeschieden. So dauert die Verdauung einer Maus tagelang und macht entsprechend träge und verwundbar.

Dasselbe gilt während der Häutungsphase. Da die äusserste Schlangenhaut aus Schuppen besteht, muss sie sich für Wachstum regelmässig häuten.

Schlangen sind sehr scheu und bevorzugen die Flucht. Bei Bedrohung richten sie sich auf, blähen sich auf, fauchen, zischen oder rasseln mit dem Schwanzende, um die Feinde zu erschrecken.

Schlangen schlüpfen meist aus Eiern, die in der Sonne ausgebrütet werden. Manche Arten brüten sie sogar in ihrem Körperinnern aus, so dass sie lebende Junge gebären. Die eigentliche Fortbewegungskraft kommt durch das Schlängeln zustande. So können Schlangen mühelos und schnell vorwärts kommen, schwimmen und klettern.

Die meisten Schlangen sind nicht giftig. Giftschlangen haben jedoch zwei lange, hohle Zähne, durch welche das Gift wie bei einer Injektion in die Beute gespritzt wird. Dies lähmt das Opfer. Giftbisse von europäischen Schlangen verlaufen beim Menschen selten tödlich, brauchen jedoch das Serum mit dem Gegengift um Herz- und Nervenschäden zu vermieden.

Von alters her wurde die Schlange gefürchtet und verehrt. Im antiken Griechenland galt sie als heilig und heilend. Im Äskulapstab, dem Wahrzeichen der Mediziner, ist sie noch heute verewigt. Sie galt als Weltenmutter, welche alles gebärt, aber auch verschlingt. Im Tantra wird sie als Kundalini-Schlange zusammengerollt am Ende der Wirbelsäule gesehen. Kann man sie erwecken und steigt ihre Kraft in die oberen Chakren auf und gilt dies als höchste Vereinigung und Erleuchtung und vitale Sexualkraft. Bei den Schamanen verkörpert sie die unterste Wahrnehmungsebene, jene der Materie. Im Christentum wurde sie zur Verführerin von Eva und Adam und erlangte zunehmend einen negativen Ruf.

Schmetterling

**Zuhören / Metamorphose /
Leben geniessen / Güte / Lebensfreude /
Flatterhaftigkeit / Süsse des Lebens**

Trotz seinem flatterhaften, unbeständigen Wesen findet der Schmetterling oft die Ruhe, ein ausgezeichneter Zuhörer zu sein. Du kannst wie der Schmetterling die ganze Sonnenenergie, die du durch die bunten Flügel aufgenommen und gespeichert hast, in Form von Aufmerksamkeit jemandem bewusst weitergeben.
Höre gut zu und lasse dem Erzähler Zeit, sich auszudrücken.
Du wirst von der Süsse des Lebens angezogen und gehst gerne von einer Schönheit zur nächsten, erinnerst dich an all die Plätze, die dir Süsse und Wärme spenden. Suche sie bewusst auf, wenn du Kraft brauchst. Ist der Schmetterling dein Krafttier, wirkst du auf deine Mitmenschen zart besaitet und zerbrechlich, so dass bei ihnen der Beschützerinstinkt ausgelöst wird. Dabei kannst du dich ganz gut selber wehren, wandelst dich und passt dich an, bevor eine Veränderung von andern wahrgenommen wird. Gerade jetzt kann sich deine Ausdauer zeigen.
Geniesse das Leben! Nimm dir Zeit für alles, was du liebst, und nutze Veränderungen als Quelle deiner Kreativität und tanze - drücke deine Lebensfreude aus!
Vom Schmetterling, dem Boten zwischen den Welten, bekommst du Trost, wenn du einen Menschen vermisst. Er mahnt dich, im Wandel zu bleiben und mit Zuversicht auf neue Situationen zuzugehen. Um weiterzukommen, um dich zu verändern, musst du Altes loslassen. Und um dich selber zu finden, tut es gut, dich in einen Kokon zurückzuziehen und so die nötige Ruhe zu erlangen.

Tagesbotschaft
Geniesse die Leichtigkeit, die du nun spürst, und wende dich dem Licht zu.

Trotz ihrer scheinbaren Zerbrechlichkeit überqueren Schmetterlinge Meere. Sie sind stark und ausdauernd. Allen gemeinsam ist ihr Tanzen in der Luft. Rund eine Million Farbschuppen bedecken die vier grossen, rundlichen Flügel, die während dem Flug durch besondere Haftorgane zu zwei Tragflächen verbunden werden. Die Facettenaugen sind wie bei anderen Insekten aus einer Unzahl von Facettenlinsen zusammengesetzt. Mit ihren langen, faden-, borsten- oder keulenförmigen Fühlern können die Schmetterlinge riechen und fühlen, auch die Temperatur. Sie verfügen über zahllose Drüsen an Leib und Flügeln. Damit verstreuen sie eine zarte Puderquaste mit berauschenden Düften, um Geschlechter zusammenzuführen. Mit ihrem Rüssel kommen sie zum tiefsten Blütengrund.

Hochempfindliche Geschmacksorgane sitzen an Tarsen (Fusssohlen) der schlanken Beine und verraten schon bei der Landung das besondere Blütenaroma.

Sie beziehen ihre gesamte Nahrung aus den duftenden Säften der Blütenpflanzen und tragen damit gleichzeitig zur Bestäubung der Pflanzen bei. Einige nippen auch gerne Schweiss oder Blut. Sogenannte „Ritter" mit schmalem Körper und grossen, breiten Flügeln sind echte Tagfalter, die sich im Sonnenschein bewegen. Ihre Raupen sind 16-füssig, oft sehr bunt und reich bewarzt. Sie verpuppen sich an Stängeln und Halmen in eckige, kantige, höckrige Puppen, mit denen sie erstaunlich gut getarnt sind. Darin überwintern sie, frieren gänzlich ein und schlüpfen im Frühjahr doch unversehrt. Auch Nachtfalter gehören zu den Schmetterlingen. Sie haben teils propellerartige wirbelnde Flügel, zucken unstet von Kelch zu Kelch mit einem kräftigen, gut behaarten, stromlinienförmigen Körper. Zahlreiche Nachtblumen sind gänzlich auf diese Schwärmer zur Bestäubung angewiesen.

In der Mythologie aller Kulturen ist der Schmetterling mit Geburt, Tod, Wiederauferstehung, aber auch mit der Liebe verbunden. Diese schillernden Wesen stehen für das innere Heilwerden. In China und Japan heisst es, dass zwei tanzende Schmetterlinge Glück in der Liebe verheissen und das Erscheinen eines Sommervogels trostreiche Grüsse eines kürzlich Verstorbenen überbringen. Bei indianischen Völkern bringt er Wünsche direkt zum Grossen Geist. Azteken und Mayas verzierten Tempel damit, weil in den Schmetterlingen die verstorbenen Krieger wohnten, wie sie glaubten.

Schnecke

Langsamkeit / Beständigkeit

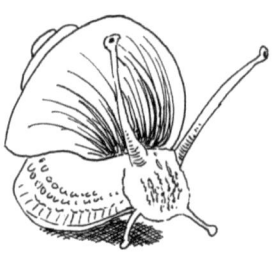

Scheinbar langsam, doch stetig kriecht nun die Schnecke in dein Leben und zieht eine unverkennbare Spur hinter sich her, die anzeigt, woher sie gekommen ist. So kannst auch du nun deinen Lebensweg noch einmal betrachten.
Die Schnecke offenbart dir, dass man mit Langsamkeit oft schneller voran kommt als mit Hasten. Beobachtet man eine Schnecke über lange Zeit, erkennt man plötzlich, dass sie gar nicht so langsam voran kommt. Dank der schleimigen Schutzschicht um ihren Körper ist sie kaum verletzlich, kann sogar über Rasierklingen kriechen. So demonstriert sie dir, wie auch du dich richtig schützen kannst. Und wenn nötig Rückzug findest an deinem ureigenen Platz. Richte dir diesen ein und nutze diesen Schutzraum. Deine Ruhephasen richtest du wie die Schnecke nach den Umwelteinflüssen. Mit dem Essen macht die Schnecke es wie mit der Fortbewegung: langsam, aber stetig und dafür viel nachhaltiger. Kaue auch du lange, so dass sich Nahrung, aber auch Seelisches gut verdauen lässt.
Du hast ein besonders ausdauerndes Liebesspiel, bist deinem Partner aber nicht unbedingt treu.

Tagesbotschaft
Vertraue auf dein stetiges Vorwärtskommen und nimm es mit Gemütlichkeit.

Seit über 530 Mio. Jahren sind Schnecken in unterschiedlichen Grössen nachweisbar. Sie gehören zu den wirbellosen Weichtieren, sind Bauchfüssler. Die Hausschnecke schlüpft bereits mit dem Eigenheim aus dem Ei. In dieses zieht sie sich bei Gefahr, Hitze oder zum Überwintern zurück. Schnecken bauen Verrottetes ab und verschaffen den Vögeln Kalzium. So sind sie wichtig für unser Ökosystem.
Häuserschnecken fressen nur Welkes, nackte Wegschnecken hingegen auch sehr gerne frische Pflanzen.
Schnecken sind Zwitter. Dies hat den Vorteil, dass sie so die doppelte Fortpflanzungsrate haben und in ihrem relativ kleinen Bewegungsradius sicher einen Partner treffen. Dank dem jeweiligen Lockstoff bleibt es nicht dem Zufall überlassen, wer ihr Gegenüber wird. Die Weinbergschnecke benutzt beim stundenlangen

   www.ergo-beruehren-begreifen.ch

Paarungsspiel den „Liebespfeil", um Samen in die Begattungstaschen des andern zu transportieren. So stacheln sie ihren Partner zu Höchstleistungen an, und der Vorgang dient der Selektion. Heute nimmt man an, dass das Paarungsritual der Schnecken der Ursprung ist für den Liebesboten Amor bei den Römern. Zum Zeitpunkt der Kopulation bleiben beide Schnecken regungslos. Schon kurz danach

können sich die Schnecken wieder paaren, so dass durchaus verschiedene Partner zum Zuge kommen können. Die Eiablage findet nur unter guten Bedingungen und an passendem Ort statt. Für Schneckeneier stellt Trockenheit kein Problem dar, Feuchtigkeit jedoch schon.

Seit je her werden die Gehäuse der Meeresschnecken gerne als Musik-, Zeremonien- oder Signalinstrument genutzt (Assyrer, Azteken, Buddhisten...).

Als blinder Passagier im Gefieder von Zugvögeln haben Schnecken alle Kontinente besiedelt. Im Verlaufe der Evolution überlebten sie mehrere Massensterben. Sie können in fast jedem Lebensraum heimisch sein. Bei Trockenheit, zu viel Wind oder Hitze kann es zu einem Sommerschlaf kommen und die Schnecke verschliesst ihre Hausöffnung mit Schleim und Kalk (Epiphragma). Indem sie Luft aus der Mantelhöhle atmet, bildet sich ein Luftpolster als Isolierung.

Die Nahrung feilen sie mit 2000 Zähnchen à 32 Reihen auf ihrer Raspelzunge. An den Spitzen der Fühler befinden sich die Augen der Schnecke. Sie sehen jedoch schlecht. Geruchs- und Tastsinn sind viel wichtiger. Die Fühler können nachwachsen. Dank ihrem Körper kann eine Schnecke auch über sehr scharfe Klingen und Kanten kriechen.

Löcher und Risse verstopft das Tier von innen. So kann es ohne Probleme weiter in ihrem Haus leben. Schneckenkönige sind Schnecken, deren Häuschen sich in die andere Richtung als bei den übrigen Schnecken windet. Nur bei einer von etwa 20'000 Weinbergschnecken dreht sich die Spirale des Häuschens links herum, bei allen anderen Schneckenhäusern rechts.

Schwan

Schönheit / Anmut / Reinheit

Kommt der Schwan in dein Leben, bringt er dir Themen wie Anmut, Schönheit und Gnade. Du sollst das innere Licht erwecken. Nicht die Schönheit von aussen ist erstrebenswert, sondern das Göttliche der höchsten Ebene deiner Sinneswelt soll deine Schönheit ausdrücken. Das Reine ist anzustreben, womit du von innen strahlend schön wirst.
Mach die Augen auf und finde spirituelle Erfahrungen. Sie lassen dich demütig werden. Die äusseren Schatten lösen sich nun wie von alleine auf.

Tagesbotschaft
Tanze und freue dich des Lebens!

Der Höckerschwan ist in Europa am meisten verbreitet. Ursprünglich stammt er aus Nordwesteuropa und Asien. Ab dem 20. Jh. verbreitete er sich dann in vielen Gebieten des heutigen Europas.
Der Schwan ist ein Gänsevogel und lebt wie andere in Dauerehe. Ausserhalb der Brutzeit ist er sehr gesellig. Im Frühling beginnt jedoch der Kampf um das Revier unter den Männchen. Das Schwanenpaar hält einen anmutigen Hochzeitstanz auf dem Wasser. Sie umkreisen sich wie Aufziehtiere einer Spieluhr. Dabei vereinen sie ihren langen, eleganten Hals meist zu einem Herzen. Die Balz dauert denn auch sehr lange. Der eigentliche Akt jedoch nur Sekunden. Das Weibchen taucht dabei sogar unter. Nachher recken sich beide als Nachspiel. Sie bleiben sich meist ein Leben lang treu und kümmern sich gemeinsam um die Jungen.
Die Jungvögel der Schwäne verlieren erst nach dem ersten Winter ihr schmutzig graues Kleid. Aus dem hässlichen, kleinen „Entlein" wird fast über Nacht der anmutig strahlend weisse Schwan, einer der grössten Entenvögel. So reinigt er sich wie von innen.
Schwäne sind keine Zugvögel, sie bleiben auch im Winter in ihrem Gebiet. Wird dieser zu hart, ziehen sie nach Süden oder Westen.
Sie ernähren sich im seichten Wasser mit Gründeln von Wasserpflanzen (nicht

Tauchen). Deswegen sind sie an solche Gewässer gebunden.

Alle Bewegungen des Schwans sind anmutig, würdevoll, ruhig, und für viele ist er der Inbegriff der Schönheit.

In alten Kulturen gibt es unzählige Sagen und Mythen über die Schwäne. Früher hielten sich Könige Schwäne um sich und erklärten die Jagd auf sie zu ihrem Hoheitsrecht.

Schwein

Glück / Sauberkeit / Reinigung / Anpassungsfähigkeit

Kommt das Schwein in dein Leben, hebt sich sofort die Stimmung und du wirst fröhlich. Es bringt dir Glück. Du bist jovial, loyal, ein angenehmer Lebenspartner und allgemein beliebt. Du hilfst allen, ohne je selber um einen Gefallen zu bitten. Du legst Wert auf Körperpflege und liebst Wellnessaufenthalte mit Wohlfühlbädern und Schlammpackungen.

Das Erscheinen des Schweines erweckt bei dir Neugier. Du beginnst überall rumzuschnüffeln, weil du Neues entdecken und kennen lernen willst. Deine Sinne entfalten sich und du gibst dich ganz deiner Lust für Bewegung hin, sei es in einem Sport, beim Tanz, Spazieren in der Natur oder beim Ausprobieren neuer Aktivitäten. Jetzt ist immer etwas los und kein Platz für Langeweile. Doch neben all den nach aussen gerichteten Tätigkeiten baust du dir auch einen Ort des Rückzugs, dein Nest. Dort wendest du deinen Blick nach innen, nimmst dir Zeit für Ruhe und Kontemplation. Du darfst auf das Glück des Schweins vertrauen, dass es dir immer die richtigen Glücksmomente auf dem Silbertablett serviert. Du brauchst sie nur anzunehmen.

Tagesbotschaft
Widme dich heute deiner Reinigung (innen wie aussen).

Das rosa Hausschwein stammt ursprünglich vom Wildschwein ab. Bereits vor 6500 Jahren v. Chr. wurden Schweine domestiziert. Das Schwein ist ein Tier mit hochsensiblen Sinnen und dem Menschen genetisch sehr ähnlich in Bezug auf Fettgewebe, Fleisch, Organe. Auch das Schwein ist sehr anfällig auf stressbedingte Herz-Kreislauf- Beschwerden. Deshalb wird es oft in Laboren als Versuchstier gehalten.

Schweine sind sehr neugierig, ausserordentlich intelligent (in einem Stall können Schweine per Joystick ihre Wohlfühltemperatur selber einstellen) und gerne immer in Bewegung. Ansonsten wird es ihnen langweilig.

Der männliche Eber mit kleinen spitzen Stosszähnen, die Sau (Weibchen) und die Ferkel (junge Schweine) leben ein soziales Leben im Familienverband.

Mit ihrer Rüssel ähnlichen Nase stöbern sie immer am Boden herum, um versteckte Nahrungsmittel aufzuspüren. Für Eicheln, Kastanien, Äpfel und Kürbisse haben die Allesfresser besonders was übrig.

Alle Schweine suhlen sich gerne im Schlamm. Dies bringt Kühlung (sie können nicht schwitzen) und beim Abreiben der eingetrockneten Kruste werden Milben, Flöhe und anderes Ungeziefer mit entfernt. Sie machen sich sozusagen ein Peeling.

Wenn man früher ein Haus fertig gebaut hatte, liess man zuerst eine Sau rein und beobachtete, wo sie ihr Schlafnest einrichtete. Dort kam dann auch die Schlafstatt hin, denn Schweine haben einen feinen Sinn für Energien.

Das weibliche Schwein ist mit 9 Monaten geschlechtsreif. Nach 4 Monaten Tragezeit bringt die Sau 10-12 Ferkel zur Welt. Dies ist zweimal jährlich möglich.

Wildschweine leben in Familienrotten. Die so genannte Leitbache (Weibchen) gibt in den Wintermonaten das Signal zur Paarung, damit möglichst alle zusammen gebären, um die Überlebenschancen zu erhöhen.

In der freien Natur richten sie sich ein Klo ein, das weit weg vom Schlafnest liegt. In der Massentierhaltung ist es nicht möglich, den Bedürfnissen dieser hoch sensiblen Tiere gerecht zu werden. Bei ihren hoch entwickelten Nasen ist die Haltung in ihrem eigenen Dreck eine Tortur und viele bekommen Atemwegerkrankungen und Lungenschäden.

Den jungen männlichen Tieren werden die Zähne (Hauer) mit einer Zange gekappt. Bis 2009 wurde die Kastrierung in der Schweiz ohne Betäubung durchgeführt, in der EU ist es immer noch üblich.

Früher wurde das Schwein für Wappen oder Namen von Städten verwendet. Heute scheint dies alles in Vergessenheit geraten zu sein. Es fehlt an jeglichem Respekt diesem Tier gegenüber.

Das Schwein gilt als Glückssymbol, auch in China, wo Schweine ein Zeichen des Wohlstandes sind. In islamischen Ländern ist dies anders. Das Schwein gilt als „unrein" und sein Fleisch wird gemieden. Vielleicht ist dies mit den früheren Aufbewahrungsmöglichkeiten zu erklären, da bei grosser Hitze das Fleisch schnell verdirbt.

Seehund

Verspieltheit / Kompromissfähigkeit / Eifersucht

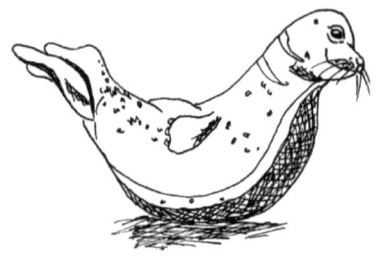

Übermütig verspielt taucht der Seehund bei dir auf.
Lass dem inneren Kind wieder mehr Freiheit, sich zu zeigen. Du lässt dich nicht von Logik leiten, sondern nur von deinem Instinkt. Du giltst als Träumer. Auch wenn du in manchen Situationen so plump wie der Seehund an Land wirkst, vergiss nicht, dass es andere Elemente gibt, in denen du dich sehr elegant, wendig und geschickt bewegst. Dies kann auch auf die gedankliche Ebene übertragen werden.
Als Kind hast du deine Eltern ganz schön gegängelt und den Ton angegeben. Später hast du mit deinem Mitleid erregenden Blick die anderen weich gemacht, dir zu dienen. Nun wirst du erkennen, dass nicht immer alle nach deiner Pfeife tanzen. Jetzt sind Kompromisse gefragt und du musst lernen nachzugeben. So findest du wieder Anschluss an die Gruppe, der du dich zugehörig fühlst.
Deine grossen Augen wirken auf jedes Gegenüber unschuldig und vertrauensvoll, jedoch auch etwas traurig. Du kannst niemanden anlügen. Diese Offenheit und Ehrlichkeit erwartest du aber auch von anderen. Lerne, wo diese Erwartung berechtigt ist und erfüllt werden sollte und wo du deine eigenen Erwartungen zurückschrauben musst. Eifersucht solltest du nun ebenfalls hinterfragen und prüfen, ob sie berechtigt ist.

Tagesbotschaft

Teile deine Erkenntnisse mit Gleichgesinnten und hole Kraft aus dieser Gemeinschaft.

Gib dich heute dem Spiel hin und lausche auf dein inneres Kind. Das silbrig schimmernde Fellkleid aus steif glänzendem Grannenhaar mit spärlicher Unterwolle und die grossen, sanften Augen sind ein Merkmal der Seehunde. Ihr Körper wirkt zu Land etwas plump, bewegt sich jedoch umso graziler im Wasser mit seiner stromlinienförmigen Figur. Wegen der mangelnden Fussflossen fehlt dem Seehund an Land jegliche Stütze. Die Flossen sind reine Ruderorgane. Dank der schwänzelnden Bewegung vom ganzen Hinterleib kommt der Seehund im Wasser damit sehr gut vorwärts. An Land hebt er den gekrümmten Buckel hoch, schnellt vorwärts und plumpst dann schwer auf die Brust.

Seehunde ernähren sich von Muscheln, Tintenfischen und diversen anderen Fischen und Meerestieren.
Er kann bis zu 100 Meter tief tauchen und auf dem Meeresgrund für 30 Minuten schlafen. Die Weibchen richten zur Geburt eine Höhle im Eis ein, die durch ein sogenanntes Atemloch von unten her erreichbar ist. Hierzu dreht sich der Seehund dank der Fussflossen um die eigene Achse und kratzt mit seinen Krallen der Handflossen ein Loch ins Eis. Er ist sozusagen ein lebender Bohrkörper. Einzig Eisbären und sehr erfahrene Robbenjäger können diese Höhlen finden. Jungtiere werden Heuler genannt, weil sie an Land jämmerlich nach ihrer Mutter rufen. Die Mütter der heulenden Kleinen sind sehr scheu, und jede Mutter säugt nach der elfmonatigen Tragezeit ausschliesslich nur ihr eigenes. Ihre nahrhafte Milch geben sie ihrem Jungen zum ersten Mal an Land. Danach geht das Junge ohne Aufforderung schwimmen. Es fühlt sich sofort mit dem Element Wasser vertraut, und seine besorgte Mutter folgt ihm nun die nächsten Wochen ständig. Ihr einziges Junges ist sehr eigenwillig und unternehmungslustig, es gängelt seine Mutter regelrecht.

Der Bulle, wenig grösser als das Weibchen, ist sehr eifersüchtig und angriffslustig. Auf den Körperkontakt mit Artgenossen reagieren Seehunde aggressiv mit Bissen. Die Paare sind sich nicht treu. Die Bullen wollen einen möglichst grossen Harem bilden (bis 12 Weibchen). Ansonsten sind Seehunde gesellig und formieren sich in kleinen Herden von etlichen Familienrudeln. Sie halten sich fast ständig in Küstennähe auf und sind in allen Weltmeeren zu finden. Der Bestand ist heute stark geschmälert. Einerseits werden die Seehunde durch verschmutzte Flüsse unfruchtbar, andererseits durch Überfischung in ihrem Lebensraum bedroht. Die jungen Robben werden immer noch oft wegen ihrem besonderen Fell gejagt. Auf alle Fälle ist ihre Bedrohung durch den Menschen verursacht.

Seepferd

Harmonie / Toleranz / Empathie / Lösungen

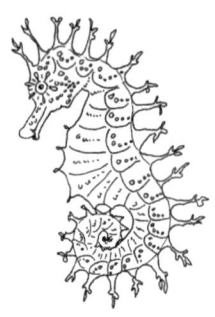

Begegnest du nun dem märchenhaften Geschöpf des Seepferdchens, regt es dich zum Tanzen an und lässt dich deine innere Musik hören. Damit kannst du auch seelische Verletzungen in dir heilen. Beim Tanz ist dir wichtig, dass du in deiner vertrauten Umgebung bist und nicht zu viel Aufsehen erregst. Weitere fliessende Tätigkeiten wie Yoga, Tai Chi und anderes wirken besonders gut bei dir.

Das Seepferdchen mahnt dich zu Toleranz, Mitgefühl und dem Suchen nach harmonischen statt aggressiven Lösungen. Deine Freunde würdest du nie im Stich lassen und begleitest sie mit deiner verträumten Art.

Tagesbotschaft
Wiege dich im Weltenmeer und fühle dich geborgen!

Seepferdchen wirken in ihrer Erscheinung sehr märchenhaft, wie ein Zauber im dunklen Meer. Sie können ihre Farbe und ihr Erscheinungsbild wechseln, ähnlich dem des Chamäleon an Land. Von gelb bis rot und braun variiert dabei ihr Farbenspiel. Der Rücken ist mit knorpeligen Stacheln besetzt. Dank der Tarnung und dem verhältnismässig harten Knochenpanzer haben sie kaum Feinde.

Schwebend gleiten sie durch Gras- und Algenwälder am Meeresboden, bewegen sich kaum fort. Ihr Antrieb ist die stark vibrierende Rückenflosse. Obwohl sie zu den Fischen gehören, fehlt ihnen die typische Schwanzflosse. Erst beim Balztanz kommen sie mehr in Bewegung. Wenn sich verliebte Seepferdchen am Schwanz einhängen und harmonisch, synchron durch die Wellen gleiten, können sie auch die Farbe ihres Partners annehmen. Dies sind auch Begrüssungsrituale unter gleichgeschlechtlichen Seepferdchen. Freundschaft scheint überhaupt eine grosse Rolle zwischen ihnen zu spielen. So berichtet ein Aquariumbesitzer, dass das Weibchen den Tod ihres Gefährten nur ganze 24 Stunden überlebte.

Erstaunlich ist, dass bei den Seepferdchen die Männchen den Nachwuchs austragen. Hierzu haben sie eine Bruttasche, in welche das Weibchen die Eier legt. Kurz darauf paart sich das Männchen mit einem zweiten und dritten Weib-

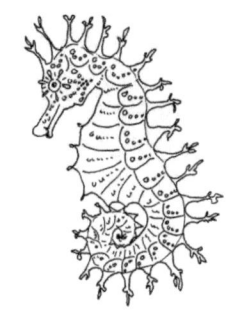

chen, denn es hat Platz für bis zu 500 Eier. Der Beutel beherbergt gleichzeitig geschlüpfte Larven, die vom Blut des Vaters leben. Nach 6 – 8 Wochen werden sie bereits in gesamter Form vom Männchen ins Wasser herausgepresst. Sie sind anfangs noch fast durchsichtig. Seepferdchen ernähren sich von kleinen Planktontierchen.

Obwohl sie kaum Feinde haben, sind sie vom Aussterben bedroht. Dies einerseits wegen der weltweiten Überfischung, aber auch weil sie in der TCM (Traditionellen Chinesischen Medizin) als Heil- und Potenzmittel gelten und seit der Globalisierung die Nachfrage stark zu genommen hat. Teilweise werden sie auch lebend in der Sonne getrocknet und als Urlaubssouvenirs verkauft. Dies sollte man keinesfalls unterstützen. Die Chinesen sehen sie als kleine Drachenkinder (Glücksbringer), weshalb sie die Tierchen besonders schätzen. Auch in der Antike wurden sie verehrt und galten als Nachfahren der Rösser des Meeresgottes Poseidon, die seinen Wagen zogen. So haben sie den zoologischen Namen Hippocampus (= Pferderaupe) bekommen. Und mit seinem pferdeähnlichen Kopf und dem elegant gebogenen Hals erinnert es an ein stolzes Pferd. Europäische Vorfahren betrachteten es als Schutzgeist gegen die Gefahren der wilden See und als Begleiter ertrunkener Seeleute ins Jenseits.

Siebenschläfer

Entspannung / Neugier

Der Siebenschläfer als dein Krafttier und guter Hausgeist hilft dir zur Ruhe zu kommen, dich deiner Müdigkeit hinzugeben, dich geborgen zu fühlen und ganz in deine Traumwelt und damit in dein Unbewusstes zu tauchen. Entspanne dich! Du verpasst nichts in der allzu schnellen Zeit.

Nach deinem Erwachen schaust du die Welt wie der Siebenschläfer mit grossen Augen voller Neugier an und kannst dadurch ganz Neues entdecken. Nimm alles zu seiner Zeit! Der Siebenschläfer macht dich auf die Rhythmen deines Körpers aufmerksam und erinnert dich, dass du deine physischen Grenzen kennen und einhalten lernen sollst. Vielleicht stimmt das Gleichgewicht von Aktivität und Ruhe bei dir im Moment nicht mehr?

Dein Zuhause ist dein Revier. Du brauchst nicht in ferne Länder zu reisen, um dies zu wissen. Entsprechend hast du es dir eingerichtet, klein, aber fein.

Die vorausschauende Steuerung seiner Fortpflanzung soll dir ein Vorbild sein.

Tagesbotschaft
Ziehe dich heute zurück und bringe Ruhe in dich und deinen Alltag!

Sein silbrig-grauer Pelz ist kennzeichnend. Der Siebenschläfer ist ein geselliges, nachtaktives mausähnliches Tierchen und bleibt trotzdem oft unentdeckt.

Er hält von September/Oktober bis Mai/Juni einen aussergewöhnlich langen und tiefen Winterschlaf. Sieben Monate Schlaf meint der Volksmund. Diesen macht er nie in Baumhöhlen oder Nistkästen, sondern immer unter der Erde (bis 60 cm tief und selbst gegraben) oder in Dachböden. Dann wird seine Körperwärme stark herabgesetzt, und es gibt eine völlige Gliederstarre. Bei diesem langen Schlaf verliert der Siebenschläfer 50 % seines Gewichts.

Bereits im Frühsommer weiss dieses schlaue Kerlchen, ob das herbstliche Nahrungsangebot reichen wird. Dementsprechend paart er sich oder eben nicht. Die Jungen müssen nämlich innerhalb von wenigen Monaten (werden im August geboren) genügend Fettreserven anfressen können.

Er ist sehr ortstreu und braucht meist nur ein wenige Hektar grosses Revier.
Er ernährt sich rein pflanzlich von Knospen, Samen, Rinden, saftigen Baumtrieben, Beeren und Früchten, also ein echter Vegetarier.

Skorpion

Sexualität / Tanz

Obwohl dir der Skorpion erst einen Schreck eingejagt hat, möchte er dich aufmerksam machen, dass du andere nicht absichtlich in Not bringst, ausser man lässt dir keinen andern Ausweg. Wie immer kommt es bei deiner inneren Medizin aufs Mass an, ob es giftig oder heilend wirkt.

Überprüfe dies also, damit sich nichts ins Gegenteil deines Wunsches verkehrt, und setze diesen Schatz weise ein. Nutze dein uraltes Wissen und verlass dich auf deine Intuition.

Die Augen sind deine Schwachstelle. Vermutlich bist du Brillenträger.

Du gehörst zu den Einzelgängern und lebst am liebsten in mediterranen, warmen Gegenden. Sonne tanken, Licht und Hitze in dich aufnehmen, geniesst du. Tango könnte eine neue Leidenschaft werden. Dabei zeigst du dich stolz und ohne Scheu. Das Tanzen animiert dich zu mehr sexueller Lust und Ekstase. Dieser kannst du dich im Moment richtig hingeben. Nachts ist im Allgemeinen eine besonders gute Zeit für dich.

Tagesbotschaft
Gehe achtsam durch den Tag!

Skorpione mögen es warm und trocken, leben deshalb in sandigen und steinigen Landschaften von Wüsten. Obwohl wir alle vermutlich ein Unwohlsein beim Gedanken an den Skorpion kennen, wegen der Angst vor dem giftigen Stich, zeigt die Erfahrung, dass es bei kaum einer Art für Menschen allzu gefährlich werden kann. Zudem setzt der Skorpion seinen Stachel nur zur Verteidigung oder zum Erlegen seiner Beute ein. Um den Giftvorrat aufzufüllen, dauert es zwei Wochen. Sowohl sie selber als auch Erdmännchen und Stachelschweine sind immun gegen das Gift. Die urzeitlichen Spinnentiere leben sehr einzelgängerisch und zurückgezogen in Nischen, Löchern, Höhlen und Schluchten.

Doch zur Paarung führen sie einen spektakulären Tanz auf: Scheren an Scheren scheinen sie den Tango des Lebens zu tanzen, oft über mehrere Meter hinweg. Wochen danach bringt das Weibchen an die 100 kleiner weisser Babyskorpione zur Welt, welche sie die nächsten 3 Wochen auf ihrem Rücken trägt und fürsorglich hütet. In dieser Zeit sind die Skorpionmütter natürlich besonders angriffslustig und aggressiv. Obwohl ein Skorpion ein Jahr ohne Nahrung auskommen kann, ist es eigenartig, ass er bei Nahrungsknappheit seine eigenen Jungen verspeist. Skorpione sehen sehr schlecht trotz mehrerer Augen am Vorderteil. Sie können nur hell/dunkel unterscheiden.

Die Beute wird mittels Sinneshaaren geortet. Die nachtaktiven Tiere können unter UV-Licht sichtbar gemacht werden, weil ihr nachtblauer Chitinpanzer fluoreszierende Stoffe absorbiert und grün leuchtet.

Specht

Hartnäckigkeit / Rhythmus

Tritt der Specht in dein Leben, spürst du den Rhythmus, der dein Leben erfüllen kann. Sein Klopfen ist der Herzschlag in deinem Innern.
Lass dich von seiner Kraft für die Aufgaben des Lebens motivieren. Versuche unablässig, deinen Rhythmus zu finden.
Du bist hartnäckig und suchst unter der Oberfläche die verborgenen Schätze bei deinen Mitmenschen. Mit seinem Hämmern pocht der Specht auf seine Bedürfnisse. Es ist frappierend, mit welcher Leichtigkeit er sich durch sein Trommeln mitteilt. Lass dich von ihm in seinen Bann ziehen. Nicht nur mit ihrem Trommeln finden Spechte Bewunderung. Mit ihrem herrlichen Gefieder Grün, Rot, Schwarz, Weiss zeigen sie, wie bunt und liebevoll ihre Natur ist.
Der Flug des Spechtes ist nicht geradlinig, sondern oft ein wellenförmiges Auf und Ab, das aber kontinuierlich auf ein Ziel zugeht. So ist auch dein Lebensweg, so dass du inzwischen darauf vertrauen kannst.

Tagesbotschaft
Gib dich Trommelklängen hin und lass dich vom Rhythmus in neue Welten tragen.

Der Specht ist ein Höhlenbrüter, legt dort weisse Eier, aus denen nackte, blinde Junge ohne wärmende Pelzdunen schlüpfen.
Als Stammkletterer hat er angepasste Kletterfüsse, die ihm das Anfliegen von vertikalen Flächen ermöglichen. Zusätzlich Halt erhält er durch seinen starken Schwanz. Er verbringt sein Leben fast ausschliesslich in hängender Stellung, sogar beim Schlafen. Der Specht kann jedoch nicht Stamm abwärts laufen. Mit seinem kräftigen Schnabel klopft er die Rinde nach Schlupfwinkeln von Larven ab. Am Boden ist er ungeschickt und nimmt ruckartige Sprünge. Allgemein hat er ein ruckartiges Gebaren: beim Klettern, Laufen, Hämmern und Fliegen. Letzteres macht er oft in einer starken Wellenlinie.
Spechte sind in Europa, Afrika, Asien und Amerika verbreitet. Der Buntspecht

kommt vor allem in Europa (ausser im Norden) vor und lebt gerne in lichten Wäldern, Feldgehölz, grossen Parkanlagen oder Gärten. Da es immer mehr an alten Bäumen und damit an Baumhöhlen mangelt, muss der Specht vermehrt auf andere Nistmöglichkeiten ausweichen, wie z.B. jene von Meisen. Diese wirft er dann kurzerhand aus ihrer eigenen Höhle raus und ihr Nistmaterial hinterher. Denn der Specht legt die Eier, im April 4 bis 6 Eier, aufs blanke Holz.

Warum der Specht vom Klopfen keine Gehirnerschütterung bekommt, hat verschiedene Gründe. Sein Gehirn ist von besonders wenig Gehirnflüssigkeit umgeben und sitzt also relativ starr im Schädel, so dass es durch die beim Klopfen entstehenden Schockwellen nicht von innen gegen die Schädeldecke geschleudert wird. Ferner ist der Schädel von auffallend starken Muskeln umgeben, die als Stossdämpfer dienen: Wie bei einem Boxer, der einen Schlag herannahen sieht, werden diese Muskeln kurz vor dem Aufprall gegen das Holz angespannt und fangen damit einen Grossteil der Energie ab. Ausserdem wird die Klopfbewegung extrem geradlinig ausgeführt, gewissermassen aus der Schulter heraus. Vor dem Aufprall des Schnabels schliesst der Specht kurz die Augen, damit ihn herumfliegende Späne nicht verletzen. Weniger kraftvoll, aber umso lauter klopft der Buntspecht, wenn er Trommelsignale an seinesgleichen sendet.

Spinne

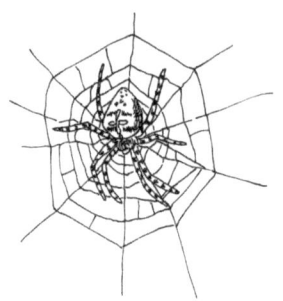

Koordination / strategisches Denken / Ordnungsliebe / Geduld / Lebensfaden selbst in Hand nehmen

Lässt sich die Spinne an einem kaum sichtbaren Faden zu dir abseilen, will sie dich die Kunst der Koordination und des strategischen Denkens lehren. Nur so wird ihr Fangnetz Beute machen. Sie bringt dir kreative Einfälle und erinnert daran, dass du Projekte mit Geduld planen sollst. Wer in ihr/dein Netz gerät, ist verloren. Genauso wie du ordnungsliebend bist, hält auch die Spinne ihr Netz immer intakt. Sie durchschaut Scheinwelten und ordnet ihre Systeme. Dieses endlose Gebilde soll dir den immer fortlaufenden Aspekt der Natur, aber auch deines Lebenskreises aufzeigen. Sei an deinem Werk so konzentriert wie die Spinne selbst. Pass auch auf, dass du dich nicht verzettelst. Oder gibst du dich gerade gerne bequemen Illusionen hin? Durchschaue die Schwachstellen!
Ihr faszinierendes Muster auf dem Körper ist ein Kunstwerk für sich. Nutze nun die Schöpferkraft und locke Feen und Elfen an. Die Sonne selbst streichelt und bewundert dein Werk! In vielen Menschen spricht die Spinne uralte Archetypen und tiefe Symbole an, welche sie unheimlich erscheinen lassen und Angst erzeugen. Genau dies will sie mit dir zusammen überwinden. Prüfe, ob keine Intrigen um dich gesponnen werden. Ihr beide seid Einzelgänger und mit euren Partnern geht ihr manchmal sehr grob um. Vor allem macht das die Weibchen unnahbar, geradezu gefährlich und zeigt ihre dunkle, weibliche Seite.

Tagesbotschaft
Du bist dein eigener Lebensgestalter. So entscheidest du selber, ob deine Gedanken glücksbringend sind oder Unheil verkünden.
Der Körper der Spinne besteht aus zwei nahezu runden Teilen mit acht Beinen. Wir begegnen bei diesem Tier immer wieder der Zahl 8. Dies gilt querliegend als Zeichen für Unendlichkeit ∞.
Bei uns leben mehr als 50 Arten von Radnetzspinnen, wobei die Gartenkreuzspinne wohl die bekannteste ist. Ihr Netz ist sehr dicht gewoben und wird von ihr immer in Ordnung gehalten und geflickt. Meist lauert die Gartenkreuzspinne in der Mitte ihres Netzes, während andere Arten in einem Versteck warten. Über einen Signalfaden wird sie benachrichtigt, dass ihr etwas ins Netz gegangen ist. Ihre

„Hörhaare" nehmen auch kleinste Erschütterungen wahr. Vor dem Kiefer hat die Spinne kleine Fangarme mit einem betäubenden Gift. Um ihr Opfer verdauen zu können, muss sie besondere Säfte in deren Körper spritzen. Somit kann sie sie nach kurzer Zeit aussaugen. Erstaunlich ist, dass die Gartenkreuzspinne verschiedene Arten Fäden produzieren kann: klebrige Fäden für das Fangnetz, sehr stabile für dessen Befestigung, sehr feine zur Herstellung der Eikokons. In letzteren

überwintern die Eier, bis die Jungspinnen im nächsten Frühjahr schlüpfen. Erst ein Jahr später nach dem Überwintern beginnen sie mit der Paarung, die für die Männchen oft lebensgefährlich ist, denn die Weibchen verspeisen sie anschliessend oft. Zur Werbung befestigt das Männchen einen Bewerbungsfaden, an dem es zupft. Die Paarung ist ein kurzer Akt, der mehrfach wiederholt wird.

Spinnen sollten in Räumen als nützliche Bewohner angesehen werden, da sie Fliegen und Mücken dezimieren. Ihre Feinde sind vor allem Vögel. Im alten Volksglauben bringt es Unglück, wenn man eine Spinne tötet.

Die Spinne steht für die dunkle, weibliche Kraft. In indianischen Kulturen wird Spider Woman mit der Ersten oder Geist-Frau assoziiert, die mit ihrem endlosen Netz die gesamte Schöpfung spinnt. Sie gilt als Erschafferin und Zerstörerin. Sowohl in Ägypten, Griechenland, Skandinavien oder bei den Indianern galten sie als Spinnerinnen des Lebensfadens, den sie auch durchtrennen. Mit ihr kann man die Einheit der Schöpfung begreifen. In fast allen Kulturen wird die Spinne mit dem Lebensfaden und dem Schicksal verknüpft. Im Hinduismus ist Maya die Spinnenfrau, welche die Illusionen der Welt webt.

Im Traum steht die Spinne für Verschlagenheit und das Künstlerische im Träumenden und sollte auch als Gefahrensymbol ernst genommen werden, denn sie kann den Beginn von psychischen Störungen oder Neurosen anzeigen. Wenn die anderen Symbole des Traumes günstig sind, kann die Traumspinne jedoch ein richtiges Glückstier sein, das unseren Lebensfaden spinnt, unsere Gedanken auf das Wichtige, das Machbare konzentriert, was mit der kunstvoll gesponnenen Mitte des Spinnennetzes umschrieben ist. Sieht man aber eine Spinne an einem einzigen Faden, hängt das Glück des Träumers im Wachleben an dem berühmten seidenen Fädchen. Die Spinne steht auch für sexuelle Bedürfnisse und andere Leidenschaften, in denen man sich verfangen kann. Alte Deutungen sehen in ihr den Konflikt zwischen Tochter und ihrer Mutter. Für andere gilt die Spinne als ein Symbol für den Orgasmus. Der Träumende befürchtet, dass ihm Kraft und Energie ausgesaugt werden, nicht nur beim Sex. Vielleicht hat er sich auch in einer Sache verrannt, aus der er jetzt nicht mehr herauskommt.

Steinbock

Erhabenheit / Willensstärke / Wagemut

Mit dem Steinbock an deiner Seite entdeckst du nun die Bergwelt ganz neu, sei es wandernd oder kletternd. Du behältst immer gerne den Überblick und willst über der Sache stehen. Dabei wirkst du auch nach aussen erhaben und stolz.
Trittsicher begibst du dich in steinige, karge Seelengegenden und versuchst dort Nahrung zu finden. Ganz besondere Seelen-Kräuter warten darauf, um von dir entdeckt und als Medizin für dich genutzt zu werden.
Ohne Furcht und mit dem Blick nach vorne gerichtet gehst du jetzt mit dem Steinbock vorwärts – deinem persönlichen Gipfel entgegen.

Tagesbotschaft
Nutze den Weitblick heute für grosse Entscheide!

Der Steinbock gehört zur Gattung der Ziegen, die in Europa und Asien beheimatet sind und in gebirgigen Gegenden bis auf 3500 Metern Höhe anzutreffen sind.
Die älteren Böcke leben den grössten Teil des Jahres als Einzelgänger, die noch nicht ausgewachsenen Böcke in einer Junggesellenherde.
Die Weibchen bilden mit den Jungtieren ein Rudel.
Zur Paarungszeit kehren Böcke zum Rudel zurück, und es kommt zu teils heftigen Rangordnungskämpfen mit ihren bis zu ein Meter langen Hörnern. Die Weibchen haben ebenfalls Hörner, jedoch kürzere. Der stärkste Bock deckt die Geissen und bleibt über den Winter bei der Herde.
Im Mai oder Juni werden ein oder zwei Junge geboren und von der Mutter etwa ein Jahr lang gesäugt. Die jungen Steinböcke sind sehr verspielt, aber auch schon sehr geschickt und berggängig.
Feinde des Steinbockes können der Luchs, Wolf oder Fuchs sein. Sein grösster ist jedoch der Mensch. Der Alpensteinbock wurde bis in die Mitte des 17. Jh.'s beinahe ausgerottet, da man ihn als Lieferant von Allerheil- und Potenzmitteln ansah. Wenige Steinböcke lebten im Reservat des italienischen Königs Viktor Emanuel III., der sich aber weigerte, dem Wildpark Peter und Paul in St. Gallen einige Tiere zur

Aufzucht zu überlassen. Einige gestohlene Tiere wurden aber über die italienischschweizerische Grenze geschmuggelt. Deshalb stammen die heutigen ca. 40'000 Tiere im Alpenraum alle von diesen ab.

Storch

Gleichgewicht / Kommunikation

Gerne hast du den Überblick über deine persönlichen Angelegenheiten. Du bevorzugst deshalb Wohnlagen und auch Aufenthaltsorte in deiner Gefühlswelt, die andere fürchten oder verschmähen: Sumpf und erhöhten Horst. Mit deinen langen Beinen stehst du erhaben über der Sache. Manche würden deine abgehackten Gehbewegungen als ungelenk bezeichnen. Schaut man jedoch genauer hin, erkennt man sofort deinen inneren Rhythmus. Geduldig und mit gutem innerem und äusserem Gleichgewicht kannst du auf den richtigen Moment fürs Handeln warten. Sorgfältig pflegst du nicht nur dein Federkleid, sondern auch deine Psyche. Gerne reist du in den Süden an die Wärme, wenn es hier kälter wird.

Das laute Klappern mit dem Schnabel zeigt dir die Möglichkeiten deiner Kommunikation. Sofort machst du mit der Gruppe mit, wenn einer zu klappern beginnt. Klappt der Storch dabei den Kopf ganz nach hinten, erinnert er dich, dass du beweglicher bist, als du denkst. Nutze die Möglichkeiten von Yoga sowohl für Meditation als auch für körperliche Gelenkigkeit und Elastizität. Es ist nun auch eine gute Zeit für Heilrituale und Zeremonien.

Tagesbotschaft
Meditiere und übe dich im inneren Gleichgewicht, während du auf einem Bein stehst wie der Storch.

Der Storch ist ein Zugvogel und fliegt im August/September über Gibraltar ins tropische Afrika zusammen in einem grossen Verband. Heutzutage jedoch oft nur noch bis Spanien, wo er auf den Müllkippen überwintert. Störche sind gute Flieger, die sich den geringsten Aufwind zu Nutze machen. Im März kehren sie zu ihren Brutplätzen zurück.

Weissstörche wurden wegen Entwässerung von Sumpfgebieten, Hochspannungsleitungen und Schädlingsbekämpfungsmitteln stark dezimiert. Gelegentlich kann man auch in der kalten Jahreszeit zwischen November und Februar Störche beobachten, die vom Wiederansiedlungsprojekt stammen, das 1950 in Altreu SO gestartet wurde.

Bei den Störchen ist das Männchen für den Horstbau zuständig. Dieses muss das Nest auch heftig gegen Rivalen verteidigen. Das Weibchen kann 3-5 Eier hineinlegen. Um das Brüten der Eier kümmern sich beide Elternteile. Kommt der Altstorch ins Nest, hört man das berühmte Schnabelklappern, wobei er den Kopf weit nach hinten legt.

Störche ernähren sich von Mäusen, Insekten, Fröschen, Regenwürmern, Fischen, Schlangen und allenfalls auch Maulwürfen.

Im Volksglauben steht der Storch durch seine drei Farben Schwarz, Weiss und Rot für die dreifaltige Göttin und den Schutz der grossen Mutter. Einst glaubte man, dass die ungeborenen Kinder die Sümpfe und Teiche bevölkerten. Und weil dies der Lebensraum des Storches ist, dachte man, er brächte den Kindersegen. Als Glückssymbol wird manchmal für ein Neugeborenes ein Storchenabbild vors Haus gehängt.

Weil der Storch die Frösche aus dem Teich zieht, steht er mit Segen und Reichtum in Verbindung. Als Zugvogel ist er Symbol fürs Reisen und den Aufbruch an neue Ufer. In China steht er für ein langes Leben und ein Eremiten-Dasein, weil er stundenlang unbeweglich auf einem Bein steht. So zeigt er auch ein inneres Gleichgewicht und ist Sinnbild für Meditation. Bei den alten Griechen/Römern war er der Hera/Juno geweiht. Weil er Schlangen tötet, steht er für Wachsamkeit, Heilung und Reinheit. Der Storch soll alte Tänze, Rituale und Zeremonien neu aktivieren und somit altes Wissen zurückbringen. Damit verbessert sich der Umgang unter den Menschen und schafft Respekt und Achtung.

Taube

Frieden / Vorbild / Dienstbeflissenheit

Wie die Taube bist auch du in den Elementen von Luft und Erde zu Hause. Vielleicht hast du im Verliebtsein schon mal gegurrt und deinen Partner fleissig umworben. Allgemein bist du dienstbeflissen.

Werde auch du zum Friedensboten und damit Pazifist. Denn Frieden, das wird dir mit der Taube klar, kann nie mit Waffen hergestellt werden. Es geht hier um inneren Frieden für dich und äusseren Frieden für alle. Bevor du diese Botschaft raus trägst, finde Frieden in dir selber und versöhne dich mit dem, was du vorher bekämpft hast. Spüre selber, wie du dadurch frei und offen wirst für alle Möglichkeiten, die sich dir bieten. Nun wirst du zur glaubwürdigen Botschafterin.

Sei nicht mehr isoliert, sondern schliesse dich Gruppen von Gleichgesinnten an. In der Gruppe gibst du deinem Ausdruck noch mehr Kraft. Es soll jedoch eine langfristige Lösung entstehen. Sind alle Schuldgefühle, jedes schlechte Gewissen beseitigt? Die Zufriedenheit mit dir selber ist die Grundlage. Somit kannst du das tieferliegende Misstrauen deiner nahen Mitmenschen heilen und als Vorbild fungieren.

Tagesbotschaft

Gibt es etwas, was noch zu vergeben ist, damit du Frieden finden kannst? Versuche heute Klärung zu finden.

Alle heutigen Taubenarten stammen von der seit der Antike gezüchteten Strassentaube ab. Tauben sind abgesehen von wenigen Ozeaninseln auf der ganzen Welt verbreitet. Ihr unterschiedliches Gefieder kann von sehr unscheinbar bis wunderschön reichen. Typische Taubenfarben sind Taubenblau, Grau, pastellige Rosatöne, schimmerndes Purpur, Braun, Grün und Weiss.

Die meisten Taubenarten können 2 Bruten pro Jahr aufziehen, die Strassentaube jedoch bis zu vier. Die Jungen werden mit Taubenmilch gefüttert, welche von beiden Eltern in ihrem Kropf produziert wird.

Als Allesfresser picken Tauben Körner, Samen, kleine Schnecken. Sie haben sich aber oft auch an zivilisierte Nahrung gewöhnt.

Tauben können zahm, zutraulich, letztlich zu aufdringlich werden.

Die Taube kann bis zu 160 km/h fliegen und ist damit ohne Sturzflug der schnellste Vogel beim Fliegen.
Die weisse Taube symbolisiert den Heiligen Geist, die Auferstehung und das Licht der Seele und steht für Hoffnung und Reinheit im Christentum.
Die taubengraue Taube steht für Dienstbeflissenheit. Ist sie auffallend bunt, bringt sie den Regenbogen und schenkt Heilung durch Farben. Von ihrer dunklen Seite betrachtet kann die Taube für Plagen, Ängste, Aufdringlichkeit, Hilflosigkeit, Schuldgefühle und schlechtes Gewissen stehen.

Tiger

Beobachtungsgabe / Schlagkraft / Voraussicht

Wenn der Tiger auf seinen Samtpfoten in dein Leben schleicht, ist es Zeit, deine innere Kraft anzuerkennen und zu nutzen. Deinen scharfen Beobachteraugen entgeht nichts. Du hältst dich in der Beobachterrolle und gehst dadurch den Weg des Einzelkämpfers. Gilt der Kampf deinen inneren, alten Verhaftungen oder musst du nach aussen kämpferisch sein und deine Position verteidigen?
Wenn du jetzt zum Sprung ansetzt, spürst du die ganze Kraft der Tigermuskeln, fokussierst genau auf dein Ziel und triffst dies vernichtend. Deine sinnlich beherrschte Kraft macht dich sexy und attraktiv. Doch schwingt bei deinen Partnern auch immer etwas Furcht mit. Gehe dank dem Tiger an deiner Seite auf neue Abenteuer und sei mutig!

Tagebotschaft
Warte nicht länger ab, sondern schreite vorwärts. Um auf etwas zuzugehen, musst du anderes hinter dir lassen.

Schwarze Streifen auf goldfarbenem Fell ist sein Merkmal. Dank ihm kann er Temperaturen bis zu minus 40 Grad Celsius aushalten.
Auffällig sind seine Schnurrhaare, katzenartig wie bei der Hauskatze.
Die Schrittlänge variiert zwischen 60 bis 70 cm und das Mass seines Pfotenabdrucks im feuchten Lehm ist ca. 14 x 14 cm, seine Körperlänge vom Kopf- bis zur Schwanzspitze kann bis zu 3 Metern und sein Gewicht ca. 300 kg betragen. Er ist damit das grösste und schwerste Katzentier überhaupt.
Bevorzugt jagt er ganz allein wild lebende Huftiere, also eine Beute, die grösser ist als er selbst. Gezielt tötet er aus dem Hinterhalt und jagt nicht im offenen Gelände wie der Löwe. Sein Revier markiert er mit Harn, Analdrüsensekret, Kot und Kratzmarken. Auch ein ausgewachsenes Rind schleift der Tiger mehrere hundert Meter in ein geschütztes Versteck zum Verzehr. Danach säubert er sein Fell gründlich vom Blut. Seine Krallen reinigt er an einem bestimmten Stamm, so dass keine Bakterien nach dem Fleischkonsum zurückbleiben.

Die Paarungszeit ist turbulent. Die Jungen kommen in einer Höhle zur Welt und werden 4 bis 6 Monate gesäugt.

Immer mehr vom Menschen gestört, kommt es vermehrt zu gegenseitigen Angriffen. Deswegen und wegen dem Glauben, seine Kraft liesse sich mittels Salben, Pulver oder ähnlichem übertragen (soll gegen Rheuma und Impotenz helfen), jagte man ihn unerbittlich, bis der Tiger weitgehend ausgerottet war. Von früher 9 asiatischen Tigerarten sind drei ausgestorben. Sämtliche Unterarten sind extrem gefährdet. Vom Indischen Tiger oder Königstiger leben heute nur noch knapp 2000 Tiere. Der Tiger ist ein archetypisches Wesen. Er gilt in Asien als König des Dschungels. Seine Wildheit, Kraft und Schönheit wird bewundert und sein Zorn gefürchtet. Sein Jagdverhalten wird im Kung Fu als leidenschaftlichster und gefährlichster Kampfstil nachvollzogen. Das Funkeln in seinen Augen zeigt den bevorstehenden Angriff.

Ein chinesisches Sprichwort sagt „Wenn man den Tiger reitet, ist es schwer abzusteigen", d.h. dass man in einer schwierigen Sache nicht aufgeben darf. Sonst wird man vom Tiger gefressen oder vom Dschungel verschluckt.

Der Tiger steht als Symbol für Macht, Stärke und Tapferkeit und wird dem männlichen Element Yang zugeordnet. Der weisse Tiger jedoch fürs weibliche Yin.

Der Tiger ziert verschiedene Staatswappen, wie z.B. Malaysia.

Vogel

**Demut / Dankbarkeit / Freude /
Seelenfeuer / Bescheidenheit**

*siehe auch Vögel wie Adler, Amsel, Falke,
Fasan, Fischreiher, Kolibri, Papagei, Storch*

Jetzt wo der Vogel in dein Leben geflogen kommt, wird dir bewusst, wie wichtig es ist, jeden neuen Morgen mit lautem, freudigem Gesang zu begrüssen, deine Wünsche für den Tag ans Universum zu schicken und bei der Abenddämmerung mit noch schöneren Klängen dankbar zu verabschieden.

Der Vogel lehrt dich, demütig und bescheiden zu sein vor dem grossen Schöpfer und seinem Werk, das Licht als grösstes Geschenk anzunehmen. Viele würden dir niemals eine solche Stimmgewalt und Präsenz zutrauen, wie du nun in der Dämmerung zum Vorschein bringst.

Über den Tag bist du unscheinbar, hältst dich gerne im Hintergrund und bist bescheiden. Deine Themen im Moment sind Demut, Dankbarkeit und Bescheidenheit. Damit kannst du dich in ungeahnte Höhen erheben. Dort singst du deine Freude lauthals aus voller Kehle und entdeckst dein musikalisches Potential. Doch gibt es auch Vögel wie den Sperling, den Spatz, der keine Scheu kennt, fast etwas vorlaut ist und sich seine Aufmerksamkeit holt, die er gerne hätte. Hüpft so ein Vogel zu dir, will er dich auf verborgene Talente aufmerksam machen. Sein Gesang lässt dich einen Moment verzückt inne halten. Lausche nun nicht nur aussen, sondern auch in dein Inneres. Was für neue Begabungen lassen dich aufhorchen? Verfolge sie und probiere aus!

Vielleicht hast du vergessen, dass dein Geist Flügel hat wie der Vogel. Schwinge dich auf und erreiche neue gedankliche Höhenflüge. Segle mit ihnen und lande an Orten, die dir unerreichbar erschienen sind.

Musst du nach aussen mal imponieren, so plustere dich auf wie ein Vogel und wachse über deine Grösse hinaus. Auch ohne deine exklusive Stimme kannst du die Aufmerksamkeit auf dich lenken: wippend, hüpfend mit aufgerichtetem, schräg gelegtem Köpfchen.

Kommt ein starker Sturm (z.B. Tod von jemand Nahestehendem) und will dich unkontrolliert herumwirbeln, erinnerst du dich an die alten überlieferten Techniken und hältst dich am Ast fest, auf dem du sitzest.

Tagesbotschaft
Bedanke dich beim grossen Schöpfer für diesen einzigartigen Tag und alle Möglichkeiten, die er dir gibt.

Für Vögel charakteristisch ist ein Schnabel ohne Zähne und ihr gut entwickeltes Flugvermögen (mit Ausnahmen), welches sie unter anderem den hohlen, leichten Knochen zu verdanken haben.
Ihr Körper ist mit Federn von sehr unterschiedlicher Färbung bedeckt. Ein weiteres Merkmal der Vögel ist die Stimmgewalt und ihr virtuoser Gesang, der sich meist in der Morgen- und Abenddämmerung zur grossen Musikalität entfaltet. Das Stimmvolumen ist erstaunlich, z.B. hört man den Zaunkönig über mehr als 500 Meter weit, obwohl er nur 10 Gramm wiegt.
Die Fortpflanzung geschieht mit Eiern. Vögel können auf einem Ast schlafen, ohne runter zu fallen, weil ihre Gelenke so angelegt sind, dass sich in der Sitzstellung die Zehen nicht mehr passiv öffnen lassen.
Vögel bedeuten fast immer Glück, nur ganz selten werden ihnen negative oder bedrohliche Eigenschaften zugeschrieben. In der Antike hielt man sie für Götterboten und glaubte, am Vogelflug die Zukunft ablesen zu können. Als Wesen der Luft stehen sie auch seit langer Zeit für die menschliche Seele.

Wal

Neue Sphären / Musik / Entwicklungsschub /Rückverbindung

Seit längerem hast du aus der Ferne unglaubliche Geräusche und Gesänge wahrgenommen wie aus andern Sphären und gleichzeitig aus deiner archaischen Tiefe, als plötzlich dieser Koloss voller Sanftheit und Geschmeidigkeit in deinem Leben auftaucht. Wie ein Urtier bringt dir der Wal aus deinen tiefsten Tiefen Urbilder hoch, um dich damit fast gleichzeitig auf seiner Luftfontäne aus dem Unbewussten in neue, luftige Dimensionen zu katapultieren. So vollzieht sich aktuell wie aus dem nichts ein Entwicklungssprung.

Sei gespannt und neugierig, wohin dich dieser führt!

Du kannst manchmal träge wirken, doch in dir ist eine Ruhe und Beständigkeit, die dich sanft und sicher bewegen lässt. Darob vergisst man deine Masse und du erscheinst anmutig. Gib dich dem Wiegen des Meeres und deiner Gefühle hin. Geniesse das Gehaltensein im Universum und die göttliche Musik!

Deine Kommunikation kennt keine Grenzen mehr. Du begreifst nun, dass Energie und Gedanken keine Distanzen kennen in materiellem Sinn. Dies lässt dich Teil des Ganzen werden.

Nutze nun deine Stimme! Heile damit Körper und Geist und finde deinen ureigenen Rhythmus. Lass die Musik in dein Leben und folge deinem inneren Kompass!

Tagesbotschaft

Widme dich heute der Musik und gib dich den Schwingungen hin, die sich in deinen Körper übertragen.

Die Wale sind Säugetiere, die sich dem Leben im Wasser angepasst haben. Wissenschaftlich gesehen, ist der Name „Walfisch" falsch, da er kein Fisch ist. Es wird zwischen den Plankton filternden Bartenwalen und den räuberisch lebenden Zahnwalen unterschieden.

Der Körper ist von einer dicken stark isolierenden Fettschicht eingehüllt, denn ihre Körpertemperatur bleibt sich gleich im Unterschied zu Fischen. Dank ihrer stromlinienförmigen Gestalt und einer riesigen Schwanzflosse, die das ungeheure Gewicht wie eine Schiffsschraube vorwärts treibt, entwickeln sie eine beträchtliche

     www.ergo-beruehren-begreifen.ch

Geschwindigkeit. Besonders in der Paarungszeit schnellen sie aus dem Wasser, drehen sich um die eigene Achse und platschen auf die Wasseroberfläche.

An Land können sie nicht überleben, da ihr Körpergewicht die Lungen zusammendrückt und ihnen die Fortbewegungsmittel fehlen. Wie sollte sich ein Blauwal, das grösste Tier der Erdgeschichte, mit seinen beinahe 200 Tonnen auf dem Land fortbewegen können? Der Auftrieb es Wassers fehlt.

Bei der Geburt eines Jungen helfen meist mehrere Artgenossen als „Hebammen" und stossen das Neugeborene sofort an die Wasseroberfläche zum ersten Luft holen. Die Jungen haben etwa einen Drittel der Grösse ihrer Mutter und werden schnell eigenständig. Die Milch mit sehr hohem Fettanteil (16-46 %) wird mit Muskelkraft direkt in den Mund gespritzt. So nimmt das Junge schnell an Gewicht zu. Die Säugezeit ist jedoch eher lang (4 Monate bis 1 Jahr).

Die meisten Wale leben in Gruppen mit einem hoch entwickelten Sozialverhalten. Die Walgruppen werden als Schulen bezeichnet. Sie jagen gemeinsam, verständigen sich mit typischen Tönen, die kilometerweit im Wasser zu hören sind. Deshalb ist ihre Existenz durch Lärmimmissionen bedroht: Schiffsverkehr, Betrieb von Bohrinseln, Pipelines, Explosionslärm von seismischen Untersuchungen und militärischen Aktivitäten.

Auch ist die Population der Wale durch den Walfang reduziert, obwohl in einem Internationalen Übereinkommen (1948) die Fangquoten festgesetzt sind. Jedoch sterben etwa 70'000 Wale jedes Jahr eines natürlichen Todes. Die meisten kommen in der Hochsee ums Leben, weit entfernt von der Küste. Die Kadaver dümpeln einige Tage oder Wochen dahin und sinken am Ende auf den Meeresboden ab. Eine dicke weisse Schicht aus Bakterien überzieht dann den Wal. Er dient nun anderen Tieren als Nahrung, etwa Schleimaalen, Haien, Würmern, Krebstieren und Schnecken. Nach spätestens fünf Jahren ist alles Fleisch verzehrt. Es liegen nur noch die blanken Knochen da. Aber diese enthalten Fett. Von diesem Fett ernähren sich viele Jahre lang kleinere Tiere, vor allem der Borstenwurm Osedax.

Waschbär

Schlauheit / Gedächtnis / Ritualänderung

Was der sich wohl wieder ausheckt? Mit dem Waschbären an deiner Seite kannst du deine schelmischen Seiten entdecken, machst dich gar auf Diebestour. Auch wenn du danach gejagt wirst entkommst du deinen Verfolgern nicht wegen Flinkheit sondern wegen deinem Ideenreichtum. Dein Gedächtnis ist hervorragend und du merkst dir gut, welche Tricks dir schon einmal zum Lösen eines Problems geholfen haben. Nutze ebenso deine geschickten Hände!
Vielleicht hat sich mit einer panischen Angst vor Bakterien und Verunreinigungen bei dir geradezu ein Waschzwang entwickelt. Achte einmal bewusst darauf ob es darum geht, dass du dich dadurch besser spüren kannst oder ob es die verselbständigte Handlung aus einem alten Trauma heraus ist. Wäre es nun Zeit, diese rituellen Handlungen ab zu ändern?

Tagesbotschaft
Denke dir heute einen kleinen Scherz aus und beobachte, wie dein Umfeld drauf reagiert.

Der nordamerikanische Waschbär ist ein mittelgrosses Säugetier aus besagter Gegend, der sich seit Mitte 20.Jh. (wieder) auf dem europäischen Festland verbreitet hat – dies Dank Entkommen aus Tierfell- Farmen. Fossilienfunde in Deutschland und Frankreich lassen nämlich hier eine frühe Besiedlung in dieser Gegend vermuten bevor er sich über die Beringstrasse verbreitete. In der Geschichte wurde dem Waschbären eine Verwandtschaft zu den Bären, Dachsen, Hunden, Katzen und anderen nachgesagt.
Waschbären sind überwiegend nachtaktiv und leben bevorzugt in Laub- und Mischwäldern. Inzwischen hat sich der Waschbär auch an urbane Gebiete angepasst. Dies führt zu zunehmenden Problemen mit dem Menschen. Gerade die Übertragung von Krankheiten (z.B. Spulwurm oder Tollwut) machen dabei Schwierigkeiten. Allerdings ist eine Bejagung sehr problematisch und denkt man, man hätte den Waschbären ausgerottet, folgen sofort nächste nach.
Sein englischer Name „Raccoon" kommt vom indianischen Stamm Algonkin und ihrem Wort „ahrah-koon-em". Es bedeutet „der mit seinen Händen reibt, schrubbt

und kratzt". Dies zeigt seine typischen Handbe-
wegungen, wenn er Nahrung findet. Mit seinen
Vorderpfoten untersucht er alles und kann sich
dafür auch auf die Hinterbeine stellen. Ungewöhnlich sind seine fünf freistehenden Finger,
jedoch ohne opponierbaren Daumen. Der
Tastsinn ist denn auch sein wichtigstes Wahr-
nehmungsinstrument (im Gehirn 2/3; d.h. mehr
ausgebildet als bei jedem anderen untersuchten Tier). Zum Schutz hat er eine
dünne Hornschicht, welche sich unter Wasser aufweicht. Deshalb scheint er Gefun-
denes „zu waschen". Es ist erstaunlich, dass er sich im sehr kalten Wasser ohne
Bewegen nicht unterkühlt. Ein guter Schutz ist dabei das dichte Fell. Zur Regulation
der Körpertemperatur kann er sowohl schwitzen als auch hecheln.
Seine Nahrung ist gemischt aus 40% pflanzlicher Kost, 33% Weichtieren und
27% Wirbeltieren. Der Waschbär hat einen stark gerundeten Rumpf und verhältnismässig kurze Beine, so dass er sich nicht besonders schnell fortbewegen kann
(durchschnittlich 16 bis 24km/h). Er kann aber auch schwimmen und klettern.
Dabei ist es für seine Grösse und als Säugetier erstaunlich, dass er Kopf voran
einen Stamm runter kommen kann. Dazu verdreht er die Hinterpfoten fast um 180
Grad. Sehr typisch ist sein Maskengesicht (ähnlich dem des Marderhundes) und
seine ausgeprägten Vorderpfoten mit einem besonders guten Tastvermögen. Die
maskenartige Gesichtszeichnung könnte Blendeffekte vermindern und die Nacht-
sicht erhöhen. Es wird angenommen, dass Waschbären fast farbenblind sind oder
zumindest Farben schlecht wahrnehmen können. Der Waschbär hat ein hervor-
ragendes Gedächtnis. Wie die Forschung beweist, können sie sich noch nach drei
Jahren an die Lösung einer damals gestellten Aufgabe erinnern. Zudem hört der
Waschbär sehr gut: ein Regenwurm im Boden kann durch seine Fressgeräusche
geortet werden.
Die Paarung erstreckt sich über mehrere Nächte, mit ausgiebigem Vorspiel,
Begattung und anschliessender Ruhephase vor dem nächsten Zyklus – vor allem
im Februar. Das Waschbärweibchen zieht ihre zwei bis fünf Jungen (werden sie
gejagt gebären sie mehr Junge) im ersten halben Jahr alleine gross. Danach lösen
sich die Jungen allmählich im Herbst. Die Jungtiere geben zwitschernde, vogelar-
tige Laute von sich. Im Winter halten sie dann Winterruhe, da die Nahrung knapp
ist. Davor können sie sich ihr Körpergewichts als Reserven verdoppeln. Waschbären hinterlassen für Artgenossen Nachrichten an so genannten Sammelplätzen
in Form von Durftmarken. Sie treffen sich gerne zum fresse, schlafen oder spielen.
In Gefangenschaft können Waschbären über 20 Jahre alt werden.
Doch in freier Wildbahn sind knappe 2 bis 3 Jahre die Regel.

Wiesel / Marder

Strategie / Vergeltung / Vergebung / Furchtlosigkeit / Feinschmecker / Freiheit

Hat bei dir gerade das Schicksal zugeschlagen und taucht gleichzeitig das Wiesel bei dir auf, hilft es dir, genau hinzuschauen und herauszufinden, was passiert ist und warum. Das Schicksal meint es nie einfach böse. Opfer und Täter bedingen einander. Es bringt uns den Ausgleich, ist Vergebung und Verzeihung. Wenn wir bereit sind, es zu akzeptieren, erkennen wir die grosse Gnade, die dahinter steht. Nutze nun die Wendigkeit des Wiesels und bewege dich an den Grenzen von Tag/Nacht, hell/dunkel, dir/mir, Angst/Mut... Bei einer Konfrontation wäge ab, ob Platz zur Flucht bleibt oder du besser mutig angreifst und Zähne zeigst. Von der dunklen Seite her gesehen steht das Wiesel für Vergeltung, Rache, Aggression und unerlöste Gefühle.

Menschen mit der Mardermedizin polarisieren. Sie haben eine unkonventionelle Art, und andere finden diese Haltung teils unsozial und unangepasst. Doch sie lassen sich nicht verbiegen, fürchten keine Konsequenzen und halten ihre persönliche Freiheit unantastbar. Der Marder kann dir nun helfen, die Fesseln von Konventionen zu brechen, und bringt dir mentale Flinkheit. Er kann dich auch auf Energieraub oder Egoismus hinweisen.

Tagesbotschaft
Lass dich heute dank deiner Intuition treiben.

Nerze und Iltisse gehören derselben Familie an wie Wiesel. Diese sind schlanker, kleiner und niedriger als Marder und eine wilde Schönheit.

Zur Marderfamilie gehört aber auch der Dachs. Alle sind behende, geschmeidig, kühn, raublustig und mit hoch entwickelten Sinnesorganen ausgerüstet. Dadurch sind Marder und Wiesel sehr anpassungsfähig und den meisten anderen Geschöpfen überlegen.

Als Einzelgänger folgt er gerne seiner Beute, z.B. Nagern, und scheut den direkten Kampf auch nicht mit einer bissigen Ratte oder dem Menschen. Sie sind jagd- und reisslustige Räuber. Oft tauchen sie wie aus dem Nichts auf. Das Wiesel geht strategisch vor und lässt nicht locker. In Hühnerställen können sie ein regelrechtes Blutbad anrichten und hören nicht auf mit Totbeissen in die Halsschlagadern, bis sich nichts mehr bewegt. Das Leben pulsiert feurig in ihnen und sie haben eine hohe innere

     www.ergo-beruehren-begreifen.ch

Spannung. Sie sind ungewöhnlich bewegungs-
freudig, temperamentvoll, unternehmenslustig
und Feinschmecker dazu. Der Marder ist wählerisch. Mag süsse Beeren, leckere Vogeleier zum
Austrinken, zarte Jungvögel, warmes Blut oder
frisches Gehirn. Bei grossen Säugern nimmt er
nur letzteres. Zum Nachtisch dann knusprige
Insekten, Frösche oder süsse Früchte. Selten jagt er Eidechsen, Schlangen oder
Aas. Marder haben ein vergleichsweises kleines und spitzes Maul. Dank einer
besonderen Sperrmechanik kann er den Unterkiefer so weit öffnen, dass er im
rechten Winkel zum Oberkiefer steht, was ihm erlaubt, grosse Beutetiere und Eier
zu transportieren.
Mit Stinkdrüsen markiert er seinen Weg und entleert diese bei Bedrängnis. Ihr Alter
beträgt bis zu 10 Jahre. Ihr Lebensraum ist sehr vielfältig. Von Wald, über Gebirge,
Wüste, Ackerland, Steppe und Tundra kann er sich auf der ganzen Welt ansiedeln.
Er ist ein Einzelgänger und hängt sein Herz nicht an die Familie. Wegen der so
genannten „Keimruhe" (wie beim Dachs) kommen die Jungen erst Anfang März
zur Welt, auch wenn die Paarung schon im Juni und August war.
Im Sommer sind Wiesel an der Oberseite braun, ihre Unterseite weiss oder gelb,
im Winter ist das Fell bei den Tieren im Norden ganz weiss. Iltisse sind unter-
schiedlich gefärbt, kräftiger und gedrungener als Marder und Wiesel. Sie haben
eine langsamere und bedächtigere Art und erkannt, dass sich in Menschennähe
gut leben lässt. Sie schlafen tagsüber unglaublich tief, fast wie bewusstlos. Das
Hermelin oder Grosses Wiesel, ein possierliches, kleines Raubtier, hat im Winter
ein blütenweisses Fell mit einer schwarzen Schwanzspitze. Ihr Pelz ist dicht und fein
und war beliebt für Kleidung, weshalb er vom Menschen gejagt wurde. Er wurde
zum Statussymbol der Herrscher und der Damen der Gesellschaft.
Nemesis war die griechische Göttin für das rechte Mass und die Vergeltung. Das
Wiesel wurde als Nemesis des kleinen Volkes bezeichnet. Es steht mit allen vier
Elementen in Verbindung. Schamanen glauben, mit dem Wiesel verlorene Seelenanteile zu finden, zu jagen und zurückzubringen.

Wolf

Durchhaltevermögen / Führungskraft / Familiensinn

Obwohl du sehr einzelgängerisch wirkst, will dich der Wolf an dein Rudel, deine Angehörigkeit erinnern. In deinem Clan habt ihr ein ausgeklügeltes soziales System wie in einer Wolfsmeute. Es ist besser, die eigene Position zu finden als die Gruppen ganz zu meiden. Als weiser Führer kannst du Gruppen anführen und trotzdem deine Freiheiten leben. Dein Familien- und Beschützersinn ist bekannt. Du spannst eng mit deinem Partner zusammen.
Das Durchhaltevermögen des Wolfes ist auch dir eigen, und du bist im Alltag stets gut organisiert und clever. Lass dich von anderen nicht dämonisieren, wie es das Christentum mit dem Wolf tat.
Denn du weisst um deine Herkunft und dass du früher sehr geschätzt wurdest.
In einsamen Nächten, wenn du die ganze Kraft des Mondes fühlst, heulst auch du mal zu deinem Trost. Dieses Heulen hat etwas Befreiendes und macht dich bereit für neue, verborgene Welten.

Tagesbotschaft
Suche die Zusammenarbeit!

Wölfe besiedeln sowohl Grasland als auch Wälder. Ein Merkmal sind ihre schönen, gelben Augen. Der Leitwolf und die Leitwölfin bleiben ein Leben lang zusammen und führen das Rudel an. Sie sind bereits lebenserfahren und führen ihre Gruppe freundschaftlich und mit viel diplomatischem Geschick.
Zur Reviermarkierung hinterlässt der Wolf Duftmarken. In diesem eingegrenzten Gebiet ziehen sie täglich umher. Wölfe geniessen das Zusammensein und raufen gerne untereinander. Sie haben scharfe Zähne und reissen damit Rehe, Hasen, Elche, Hirsche etc., denn sie sind Fleischfresser. Sie mögen allerdings auch Beeren oder Aas. Bevor alle zusammen auf die Jagd gehen, heulen sie und grenzen damit akustisch ihr Revier ab. Dies ist wichtig zur Gruppenbildung.
Wölfe gehen ins Wasser, um sich zu säubern oder zu erfrischen.
Ein Wolf kann bis zu 55 km/h rennen.

    www.ergo-beruehren-begreifen.ch

Die Welpen laufen bereits mit 3 Wochen und mit 3 Monaten sehen sie schon wie die ausgewachsenen Wölfe aus. Die ersten Tage verbringen sie mit der Mutter in der Höhle und haben die Augen noch geschlossen. Dorthin darf in dieser Zeit nur der Vater. Meist wird aber allein das Junge der Leitwölfin gross gezogen.

Wölfe sind sehr intelligent. Leider haben sie durch die Märchen zu Unrecht einen schlechten Ruf erlangt, sind immer wieder die Bösen.

Aktuell siedeln sich wieder zunehmend Wölfe in der Schweiz und anderen Ländern an und sind wieder oft nicht gerne gesehen, da sie teils Herdentiere reissen. Laut Zahlen aus 2023 sind es in der Schweiz 31 Rudel mit ca. 240 Tieren.

Auf https://chwolf.org stellt sich diese Tierart auf dem Netz vielfältig vor.

Ziege

Kritikfähigkeit / unablässige Energie / Genügsamkeit

Springt die Ziege in dein Leben, kritisiert sie dich und hat was zu meckern, jedoch nicht ganz zu unrecht. Darum ist das Meckern wohlwollend anzunehmen. Sie will dich warnen, nicht zu übermütig und leichtsinnig zu werden, und weist dich auf Macken hin, die du sehr wohl kennst, aber gerne überblendest. Nimm es als Wink mit dem Zaunpfahl und beginne sie in gewünschte Muster umzuwandeln.

Besinne dich auf deine Genügsamkeit, befreie dich von unnötigem Ballast und kehre zu einem einfachen Leben zurück. Folge der Ziege, wenn sie dir die besten Kräuter zeigen will. Sie können dir Medizin und Nahrung sein.

Dank deiner unablässigen Energie wird es dir nie langweilig und du hältst dich körperlich fit. Keck und etwas frech wirkst du nun mit der Ziege an deiner Seite und du lernst in der gleichen liebevollen Weise anderen wohltuend Kritik zu geben. Doch was gibt es wirklich zu meckern? Ist das eine Unzufriedenheit im Zusammenleben mit anderen oder doch eher eine Verstimmung mit dir selber wegen deinen Unzulänglichkeiten? Meckere also nicht wild drauflos, sondern prüfe und arbeite an dir selber. Du kannst nun allenfalls auch Führungsqualitäten entdecken.

Lerne essen wie ein Gourmet. Kleine, aber feine Häppchen entsprechen dir sehr. Gib jenen nicht deine Aufmerksamkeit, die dich zum Sündenbock machen wollen, und entziehe ihnen damit die Energie. Überspringe das dir angeheftete Klischee und lass es einfach stehen.

Tagesbotschaft
Du bist genügsam, doch geniesst du dadurch besondere Leckerbissen noch viel bewusster.

Die Ziege gehört zusammen mit dem Hund und dem Schaf vermutlich zu den ältesten domestizierten Haustieren. Vom lateinischen Wort „Capra" für Ziege kommt das Wort „kapriziös". Elegant in Bewegung und launisch sind sie denn auch. Ziegen haben ein kleines Schwänzchen, das sie aufstellen können. Beide Geschlechter tragen Hörner, die dazu dienen, in Kämpfen die Rangordnung zu

bestimmen.
Sie leben gerne in Gemeinschaft, in der es eine klare
Ordnung gibt. Wenn sie zusammen mit Schafen sind,
übernehmen sie die Führungsposition.

Ziegen sind sehr schlau und immer in Bewegung.
Wilde Ziegen brauchen kaum Nahrung und Wasser,
so dass sie auch in kargen Gegenden überleben
können. Haben sie jedoch die Wahl, entscheiden sie
sich für die schmackhaftesten Kräuter und lassen sich
dabei ungern eingrenzen.
Bei entsprechenden Lebensumständen zeigt die Ziege im Traum an, dass man
Fehler und Verantwortung auf einen Sündenbock abzuwälzen versucht oder selbst
als solcher missbraucht wird. Der Ziegenbock mit seinem typischen Ziegenbart
ist im Traum ein Symbol für männliche Triebkraft, Eigensinn und Aggressivität. Die
Ziege hingegen verkörpert Gewandtheit, Genügsamkeit und Anpassungsfähigkeit.
Sie ist sehr empfindsam.

Notizen:

© Christa Nüesch St.Gallen 2024   www.ergo-beruehren-begreifen.ch

 www.ergo-beruehren-begreifen.ch

   www.ergo-beruehren-begreifen.ch

    www.ergo-beruehren-begreifen.ch